把心聊走

最強的暈船話術，
不動聲色牽著對方鼻子走

俞姿婷，才永發　著

進攻對方的「死穴」，
才能真正打動對方

★第一句話的表達方式決定著其是否能夠打動人心，說好「第一句話」看似簡單，其實博大精深！

★說話請拋棄「平等」，若總是「一視同仁」，不但沒有絲毫作用，反而還會招致不必要的麻煩！

目錄

Contents

Contents

前言

馬雅可夫斯基曾說：「語言是人類力量的統帥。」精彩的語言表達藝術在社會生活和人際交往中具有不可估量的力量。

人際交往中，對一個人的瞭解最主要的是來自他的言語，有高超的當眾談話水準就能體現一個人的知識水準、閱歷經驗等綜合素養，一個沉默寡言的人，別人是不會在意也無法瞭解他的。孔子曾說：「始吾於人也，聽其言而信其行；今吾於人也，聽其言而觀其行。」他看人，首先還是要「聽其言」。一個人思想為何、水準如何，聽他說話、與他談話，就可得知。當然，檢驗、衡量一個人思想、才能、學識的方法是多種多樣的，但那需要時間、條件配合。在需要盡快認識、瞭解某人時，「聽其言」，則是最直接、有效的手段。所謂「一見如故」、「相見恨晚」，也是在「談」了之後才有的感受。

有這樣一個故事：在酒足飯飽後，國王問大臣：「你們說，世界上什麼最難？」大臣回

答：「世界上說話最難。」大臣沒有說出來的隱含意思是：「說話最難，尤其是和國王說話更難。」現在我們做一個試驗，問問你身邊的人：「你們認為自己很會說話的，請舉手。」肯定沒有幾個人能理直氣誇說自己會說話。是呀，凡是有一定社會經驗的人都知道，說話容易，但是要瞬間打動人心，非常困難。有的管理者講：「我用人的時候，看他能力的高低，就看他說話水準的高低。」

說好話很難，難就難在說話這件事太容易。這並不矛盾。恭維的話可以張嘴就來，罵人的話可以脫口而出，吹牛也用不著繳稅，實在自己一個人寂寞還可以自言自語。但在這人聲鼎沸的世界裡，有能力讓人專心聆聽你的聲音就不太容易了，要是能再讓人為你的話而鼓掌喝彩更是難上加難。有時候使盡全力吶喊未必讓人震驚，一聲嘆息卻讓人心潮澎湃；洋洋灑灑的長篇大論常常有鼾聲相伴，平平淡淡的隻言片語卻說不定能換來掌聲雷動。說話的確是一門大學問。

在與別人交談的時候，對方有時候揣摩不透你真正的意圖所在。此時，你最好能夠一開始就說明你的目的，這樣一方面消除了對方的疑慮，另一方面又顯示你的坦誠，對方會在不自覺間對你產生信任。談話中，沒有人會對自己不感興趣的話題投入過多的熱情，但如果遇到自己感興趣的話題，他們常常會情緒激昂的參與進來。因此，在與對方談話時，我們就可

以抓住對方的這種心理，從而實現進一步的交流。

這就是說話技巧，其實談話的方法是很多的，並不是通用的，你在不同的場合注意使用合適的方式就可以了，不要死板的去使用什麼模式。還要注意的就是要切記我們和別人談話的目的是什麼，談話的主題是什麼，不要說的天花亂墜，讓人感覺你不實在。

一般情況下與別人交流，如果你在短時間沒有讓對方產生興趣，你就得準備起身離開了，因為沒有人會花時間聽一個陌生人在那裡聊天，所以你在前三分鐘裡怎麼樣吸引客戶，並且用三分鐘就讓他產生興趣，這是必須要做的功課和準備，你得在最短的時間，拋出最有價值的東西。

如果你能夠一開口就留給別人一個好印象，帶給人耳目一新的感覺，讓人覺得你不錯，產生想和你交談下去的強烈願望，那麼，也就意味著你這次的談話成功了一半。反之，如果你沒有意識到這一點，或者意識到了，但仍沒有注意說話的技巧，也許將一開口就註定了你失敗的結局。

大家會發現，同樣都是說話，效果卻各不相同。怎麼樣才能讓自己的語言直指人心呢？一定要「攻心」。以「心」為重，針對我們說話的對象，具體分析他們的心理狀態和弱點，以此來決定什麼時候該說什麼話，什麼時候不該說什麼話，或是該說多少話。對於不該說的

話，一個字也不多說，如此才能攻到對方的「死穴」，說得恰到好處，才能打動對方，在必要的時候，或者是錦上添花，或者是化干戈為玉帛，這樣你就會成為說話的高手。

因此，說出的話，只有能瞬間打動人心才能獲得人際溝通的順暢、關係的和諧和利益的雙贏。當溝通順暢、人際關係和諧、自身利益有保障了，你又何愁沒有好命運呢？本書向大家介紹一套完整的快速掌握說話技巧的方案，透過本書，你既可以看到成功說話的實例，又可以瞭解到卓越口才的精髓，同時你也將學習到提高說話能力的技巧。

第一章　說好第一句話

在我們的日常生活中，最令人關心的，莫過於「如何與別人交往」這件事。而在人際交往中，最令人花費心思的，又莫過於「如何與人交談」這件事。與人初次見面的第一句話是留給對方的第一印象，這句話說得好說得壞，關係重大。說好第一句話的關鍵是：親熱、貼心、消除陌生感。

與陌生人見面巧說話

與別人交往是社交的需要，是事業的需要，是生存的需要。如何與人交談不僅是一門學問，還是你贏得事業成功的資本。只有掌握了說話的技巧和原則，才能夠掌握開啟成功之門的鑰匙。

當我們與陌生人初次見面時，不能夠太隨便，貿然裝熟；初次見面，我們不能夠太拘謹，一聲不吭；初次見面，我們不能夠太隨便，毛毛躁躁；初次見面，我們不能夠太客套，不懂風趣……總之，與陌生人初次見面有很多禁忌，一定要察言觀色、巧妙說話。

生活就像是一個網，每個人都是其中的一個結，要想在這張網上左右逢源，就必須和其中更多的結建立起廣泛的聯繫。初次與陌生人交談，是兩個人交往的開端。萬事開頭難，抓住了這個機會，以後的相處就會更加融洽；失去了這個機會，兩個人的交往很可能陷入僵局，難以再有好的進展。所以，與陌生人初次見面的時候，一定要懂得說話的技巧，必須懂得什麼話對方會喜歡聽，什麼話能使對方願意交談，什麼話更能夠得到對方的好感……與陌生人初次見面之前，如果有時間，你還可以先做些事先的安排和準備。這樣，你才可能有機會繼續與他交往下去。

隨著全球化的發展，人們的學習、工作、生活、娛樂都緊密的和別人聯繫起來了。人際關係對我們的影響越來越重要，我們只有打好人際關係，才不會被社會所拋棄，才會成為生活、工作中的佼佼者。其實，只要你懂得初次見面說話的技巧，你完全可以達到這個目標。

美國總統雷根曾到某間大學做訪問。他與一百多位學生相聚在一間大教室裡，他一開口就說了這樣一句話：「其實，我和你們學校有著密切的關係。你們的校長和我的夫人南西是

美國史密斯學院的校友呢！這麼看來，我和各位自然也都是朋友了！」話畢，他贏得了全場的熱烈掌聲，成功打開了一百多位異國學生的心扉，接下來的談話更是輕鬆、融洽。

雷根總統一開始就打動了人心，讓人感到他一點也不陌生，不僅消除了學生們的懷疑、期待心理，而且還給自己營造了一種輕鬆、自然的交談氛圍。其實，人與人之間本來就沒有什麼區別，不管性別是否相同、膚色是否相同、種族是否相同，只要你懷著友好、親近的態度，就可以打動人心。

我們在與陌生人初次見面的時候，也可以像雷根總統那樣一開口就打動別人的心，這樣你們之間就有可能真的變親近。為了初次見面交談的成功，我們不妨事先尋找一下你與對方之間感興趣的話題，可以是朋友的朋友，可以是同一個出生地，可以是都曾去過某個地方……總之，只要是可能拉近與對方關係的內容都可以。但是，有一點需要注意，這個內容不能是對方不希望提起的，或者是不喜歡的和陌生人談論的，或者是不感興趣的話題。即使這個話題與你們之間要談論的正題沒有多少關係，但是只要一說話就打動了別人，就有了交往下去的可能、有了親近的感覺，才能夠更好的進行之後的交談。

當我們面對一點也不認識的陌生人，就會很自然產生戒備心理，比如，家長經常告訴自己的孩子「不要和陌生人說話」就是這個原因。可是，如果你想與人交往就不得不開口，你該怎樣說話才能夠成功的消除對方的戒心，並且得到自己想要知道的東西呢？這個看似很難的問題，其實並不難，只要你掌握了訣竅，就可輕易達到目的。你可以學習一下日本銷售之神原一平的方法。

一天，原一平去拜訪一個商店老闆，但是他們並不認識。原一平是這樣開口的：「先生，您好！」對方遲疑了一下，說：「你是誰呀？」原一平說：「我是明智保險公司的原一平，今天我剛到貴地，有幾件事情想請教您這位附近最有名的老闆。」老闆更納悶了：「什麼？附近最有名的老闆？」原一平很激動的說：「是啊，根據我打聽的結果，大家都說這個問題最好請教您。」那位老闆態度明顯好了許多：「哦，大家都說是我啊！真不敢當，是什麼問題啊？」原一平真誠的說：「實不相瞞，是關於怎樣有效地避免稅收和風險的事。」這個時候，這位老闆已經有些被讚美沖昏了頭腦的感覺了，非常熱情的說：「站著說話不方便，請進來說吧！」

不到幾句話，原一平就成功的化解了商店老闆的戒心，而且贏得了商店老闆的好感。說話說到點子上是暢行全球的通行證。的確如此，人們都渴望得到他人的關照，這是人之天性使然。所以，當聽到原一平的一番讚美的話語後，這位原有戒心的老闆就像江河開口那樣準備敞開心扉了，兩個人的談話明顯比剛開始時親近了許多。

交際也是同樣的道理，我們若想在與陌生初次見面就成功化解他人的戒備心，並且成功贏得他人的歡迎，也應該多多使用一下這個暢銷全球的通行證，多關照別人幾分，就等於多消除幾分與對方的陌生感。但是，關照對方也應該有限度，放肆的話語只適用於沒有頭腦的人，只有恰到好處的關照才能夠讓對方感到你的真誠，而且也更有利於贏得別人的認同和信任；關照對方的時候還應該注意把話說到點子上，比如說與商店老闆初次面談，就應該多談談他的店面、經驗等等。

清朝著名的紅頂商人胡雪巖，其高超的交際手腕讓人大為嘆服。他的過人之處是「對事情看得透，眼光夠長遠，從不會輕忽小人物」。胡雪巖本是杭州的小商人，他不但善經營，也會做人，常給周圍的人一些小恩小惠。但小試身手的經商不能使他滿意，他一直想成就大事業。

王有齡是杭州一個小官，想往上爬，又苦於沒有錢作敲門磚。一天，王有齡對胡雪巖說：「雪巖兄，我並非沒有門路，只是手頭沒錢，十謁朱門九不開。」胡雪巖說：「我願傾家蕩產，助你一臂之力。」王有齡說：「我富貴了，絕不會忘記胡兄。」於是，胡雪巖變賣了家產，籌集了幾千兩銀子，送給王有齡。

幾年後，王有齡身著巡撫的官服登門拜訪胡雪巖，利用職務之便，命令軍需官常到胡的店中購物。胡雪巖的生意越來越好、越做越大。憑著這種高超的交際手腕，胡雪巖後來被左宗棠舉薦為二品官，成為大清朝唯一的「紅頂商人」。

我們不得不說，與陌生人初次交談，是一個非常重要的機會。巧妙說話更夠增強對方對自己的好感，是日後良好交往的基礎，所以，一定要懂得察言觀色、揚長避短、推己及人，盡量將話說的巧妙、圓滑。

說好你的開場白

初次和陌生人交談，誰都想給對方留下良好的第一印象，這時，說好開場白就起著至關重要的作用。好的開場白能在短時間內消除彼此之間的陌生感，拉近彼此之間的距離。從某種意義上說，說好了開場白，你也就擁有了一把打開陌生人心扉的鑰匙。

一位講師在為新進來的銷售員作培訓。「首先我先問大家一個問題，請這位同學回答我，做什麼最容易成功？」講師指了一個人問道。「銷售！」那人回答。「對，就是銷售，銷售最容易讓人成功，這裡誰做過銷售？」講師點了一個舉手的女生問道：「銷售最容易成功，那為什麼還是沒有多少人願意去做呢？」「討厭被拒絕！」那女的遲疑了一下說道。講師拿

筆在白板上寫了「被拒絕」幾個大字。

一般來說，在和任何一個陌生人交往前，只要你能在事前做一番認真的調查研究，你都可以找到或多或少、或近或遠的親友關係。然後，在與對方見面時，如果能夠及時拉上這層關係，就能使對方產生親切感，縮短雙方之間的心理距離。

三國時期，魯肅就是一位攀親認友的高手。他跟諸葛亮初次見面時的第一句話就是：「我是你哥哥諸葛瑾的好朋友。」就這麼一句簡短的話使交談雙方心理距離更近了一層，從而為孫權跟劉備結盟共同對抗曹操打下了好基礎。有時，對異國初識者也可採用攀親認友的方式。

每個人都有長處，同時也有短處。一般來說，人們都希望別人多談自己的長處，不希望別人談論自己的短處，這是人類的普遍心理。因此，跟初識者交談時，如果以直接或間接讚揚對方的長處作為開場白，就能使對方高興，並對你產生好感，雙方交談的積極性也就可以得到極大的激發。相反，在和他人交談時，如果你總是有意或無意的提及對方的短處，揭對方的傷疤，對方的自尊心就會受到傷害，因此難免會對你產生厭惡感，更不願意和你繼續交往下去了。

孔融在十歲時，和父親一起來到洛陽。當時，洛陽有個叫李元禮的人，在社會上有很大的影響力，官至司隸校尉。因為他多才多藝，道德高尚，前來拜訪他的人有很多。但是，只有他家的親戚和才華出眾的社會名流，守門的人才願意去通報。孔融幾次央求父親帶他去見見李元禮，父親生怕他不懂事，得罪人家，所以一直沒有同意。

這一天，孔融瞞著父親一個人來到李家的門口，他對著守門人行了個禮，用充滿童真的聲音說：「李大人是我的親戚，我要進去見他。」守門人見他長得乖模乖樣，一舉一動都十分得體，是個書香人家子弟，就進去通報李元禮。孔融被請進客廳，李元禮並不認識他，就問道：「你真是我的親戚嗎？」孔融答道：「說來話長，過去您的祖先老子和我的祖先孔子有師生關係，因此我和您自然是世交了。」

見這個孩子這麼從容不迫、能說會道，在座的賓客都感到非常驚奇。李元禮禁不住連聲讚道：「你真是個神童啊！」

在和他人交談時，如果你能用三言兩語恰到好處的表達出你對對方的好感，或肯定其成就，或讚美其特質，或歡迎其光臨，或同情其處境，或安慰其不幸，就會頃刻間溫暖對方的心田，使對方油然而生一見如故、喜逢知己的感覺。

朱元璋做了皇帝以後，有很多以前的窮朋友前往拜訪，他們都想憑藉這種關係來求得官職，有些人直接把從前在一起的一些惡作劇或不太光彩的事情全部說出來，以為這樣就可以使皇上懷念舊情而重用自己，結果不是被趕走，就是被推出午門斬首。

但是，有一個小時候在一起玩的朋友卻憑著一張巧嘴得到了朱元璋的重用。他不遠萬里前來拜見皇帝，皇帝問他有什麼事要稟報。他向皇帝行過大禮，而後不慌不忙地說：「萬歲，您可記得？當年微臣隨駕掃蕩蘆州府，打破罐州城，湯元帥在逃，拿住豆將軍，紅孩子當關，多虧菜將軍。」

朱元璋聽了非常高興，既把小時候在一起偷豌豆、煮豌豆的事情說了出來，又顧及了自己的面子和尊嚴。當時在煮豌豆的過程中，罐子不小心被打破了，自己只顧搶豆吃而被紅草葉哽住，幸虧得到了這位好朋友的幫助，才用菜葉把紅草葉帶下了肚子。朱元璋聽了馬上封他為御林軍總管。

要想使交談氣氛比較輕鬆活躍，增添對方的交談興致，就需要用語言來卸下跟陌生人交談時的拘束感和防衛心理。

在公館捷運站，筱冉被身旁一名女生獨特的氣質吸引住了，於是走上前和她說話。她高高瘦瘦，微捲的金棕色的頭髮自然地搭在肩上；她有一張白皙、秀麗的臉龐，但不漂亮；脖子圍著一條花圍巾，米色風衣，黑色牛仔褲，藍色休閒鞋，一身很簡單的打扮。

筱冉說：「看你個性十足的樣子，我猜你一定是台大的高材生吧？」沒想到那女孩淡淡一笑：「我姐姐在台北讀書，我在這裡打工，已經四年了。」筱冉說：「真的嗎？」女孩說：

「姐姐很喜歡讀書，但家裡窮，只能有一人上大學……不過現在跟著姐姐，邊打工邊學英語和電腦，也挺快樂的。去年我姐姐還考上了清大的研究所，我們馬上要去新竹了……」聊著聊著，倆人就成為朋友了。

總之，說好你的開場白，能夠贏得雙方的好感，迅速地拉近彼此間的距離，甚至讓對方對你產生一見如故的感覺。說好你的開場白，就相當於為雙方有進一步的交往和交流開了個好頭。

第一句話就打動人心

俗話說：「酒逢知己千杯少，話不投機半句多。」為什麼有些人相處一輩子，卻形如陌路；而有些人萍水相逢，卻一見如故？當今社會，人際交往日益頻繁，參觀訪問、調查考察、觀光旅遊、應酬赴宴等，都需要與素不相識的人們打交道，說好第一句話，既是一件暢快人心的事，又是為人處世的良好開端。

馮玉祥在任職督軍的時候，得知兩個外國人私自前往終南山打獵，並射死了兩頭珍貴的野牛，便把他們招來，沒有進行絲毫寒暄，劈頭便問道：「你們前往終南山行獵，跟誰打過

招呼？領到許可證了嗎？」聽到馮玉祥的話語，兩個外國人理直氣壯的回答道：「我們所射擊的是無主野牛，用不著通報任何人。」

馮玉祥聽到他們強詞奪理的話語，更生氣的說道：「終南山是陝西的管轄地，為何說野牛是『無主』呢？你們不經批准私自涉獵，純屬違法行為。」兩個外國人狡辯道：「這次前來陝西，在貴國所發的護照上，不是准許帶槍的嗎？由此可見，我們打獵已經獲得了貴國政府的許可，為何說是私自打獵呢？」

馮玉祥反駁道：「准許你們攜帶獵槍，就是准許你們打獵嗎？莫非准許你們攜帶手槍，就表示准許你們在這裡隨心所欲地殺人嗎？」其中的一個外國人深感不服，繼續說道：「我已在此定居了三十多年，所有的地方沒有不准打獵的，況且，法律也從未規定外國人不准在境內打獵。」

馮玉祥冷冷一笑，淡然說道：「的確如此，沒有規定外國人不准打獵的條文，但是，難道就有規定外國人可以打獵的條文了嗎？你三十多年沒有遇到官府的禁止，那是他們的『昏庸』。現在，我是身居陝西的地方官員，我負有國家人民交託的保家衛國之責，可不能昏庸，必須加以禁止。」至此，這兩個外國人不得不認識到自己的錯誤。

那時，不計其數的官僚軍閥對外國人們卑躬屈膝，在一定程度上，助長了其囂張氣焰。

而馮玉祥卻利用第一句話，以昂揚的氣勢捍衛了一個將軍的尊嚴。在面對強敵時，不但在氣勢方面壓倒對方，而且使優勢自然落於己方。

初次見面時，第一句話說得好與壞，關乎著給人留下的第一印象。只有堅持親熱、貼心，才能使人體會到你的真誠，從而消除不必要的陌生感。

唐朝有個詩人名叫汪倫，他年輕的時候家住在安徽涇縣桃花潭邊的小鎮。他十分仰慕當朝的大詩人李白，只可惜無緣相識，一直想尋個機會親睹一下這個「詩仙」的不凡風采並交個朋友。

有一次，碰巧李白遊歷名山大川到了皖南。汪倫尋思：有什麼方法能夠結識李白呢？他忽然間想起李白生平有兩大喜好：一愛喝酒，二愛桃花。於是他靈機一動，寫了封邀請信給李白。信上說：「先生好遊乎？此地有十里桃花。先生好飲乎？此地有萬家酒店。」李白接到這封信以後，正合他的心意，於是欣然趕到桃花潭來見汪倫。

兩人寒暄後，李白說：「我是特地來觀十里桃花，品萬家酒店的酒的。」這時候，汪倫才告訴李白：「十里桃花說的是十公里之外的桃花坡，萬家酒店是指萬家潭西邊一個姓萬人家開的酒店。」李白聽罷，才知自己「上了汪倫的當」，大笑不已，並稱讚汪倫的聰敏。

李白在汪倫家遊玩數日，臨別之時，李白感激汪倫一片盛情，特作了〈贈汪倫〉絕句一

首相贈。

俗話說：「看一眼，聽一句。」在現實生活中，聽到的第一句話就猶如第一眼見到其人，最能給人深刻印象。當旅客進站的時候，如果站務員待之以熱情，並能說好「第一句話」，即可使人倍感親切、溫暖舒暢，甚至願意下次繼續搭此班車。與之相反，如果站務員滿口穢語，「第一句話」便使人感到極難入耳，其後果則會可想而知。畢竟任何人均不願花錢買氣受，更何況，在交通條件日益發達的今天，倘若不選客運，還有企車、飛機或火車等更為快捷的工具。

在百貨公司裡，一位在海軍隊員對店員說：「請你把那個東西拿給我看看。」還把「我」說成字典裡查不到的道地的閩南語。另一位也是祖籍閩南人的某陸軍服役隊員。聽了前者這句話，也用手指著貨架上的某一商品對店員說了一句相同的話，兩句字裡行間都滲透同鄉鄉土氣息的話，使兩位陌生人相視一笑，買了各自要買的東西，出了店門就談了起來，從老家問到部隊，從眼下任務談到幾年來走過的路，介紹著將來的打算。身在異鄉的一對老鄉之間的親近感，不知情的人怎麼也不會相信是因為揣摩對方一句家鄉話而造成的結果。可見細心揣摩對方的談話確實是可以透過找出雙方的共同點，使陌生的路人變為熟人，再發展成為朋友的。

千里之行，始於足下。說好「第一句話」看似較為簡單，實則至關重要。只有第一句話起到良好的開端作用，第二句、第三句等才能順利進行下去。與人交往，恰當的「第一句話」是不可或缺的。在社交活動中，說好第一句話，對此次交談的成功與失敗往往有著直接影響。

田中義一是日本很有名氣的政治家，他非常善於利用人們的親近心理，營造溫馨的交際環境，來取得預期的交際效果。有一次，他到北海道進行政治拜訪，有位穿著考究看來很像當地知名人士的男子走出歡迎行列向他表示問候。田中義一急忙走上前去，緊緊握住那人的雙手，十分熱情地說道：「啊，您辛苦了。令尊還好嗎？」那個男子感動得一時說不出話來。田中義一的政治拜訪，也因此大獲成功。事後，田中義一的隨從對田中當時的親密舉動感到十分的不解，忍不住問道：「那人是誰？」田中義一的回答出人意料：「我怎麼知道，但誰都有父親吧！」

田中義一的交際成功，無疑在他選擇了一個比較好的交際切入點，即在男子心目中迅速建立了親情意識，使男子覺得他是一個值得信賴、和藹可親的人，從而在心理上對田中義一產生了認同感。

從某種程度來說，第一句話是決定你與他人交往成敗的關鍵時刻。第一句話的表達方式決定著其是否能夠打動人心。你的真誠與創意不僅影響著整個談話的氛圍，還影響著他人

的聆聽態度。倘若一開始就能給予他人關注與尊敬，你便能得到同樣的尊重和好感；與之相反，即使再度給你好的見面機會，你也很難抓住如此好的局面。

說話先要有「禮」

思想家荀子曾經說過：「人無禮不立，事無禮不成，國無禮不寧。」語言，是人類之間交換資訊、增進瞭解、建立共識與傳承文化的主要工具；溝通，則是人類較為頻繁的社會互動模式。

歌德曾經說過：「一個人的禮貌，就是一面照出他肖像的鏡子。」禮貌，是一種待人接物的風度，它能夠反映出一個人是否擁有良好的家庭教育、個性修養與文化素養等。假如說紀律是約束，需要大家共同遵守而維護社會利益的話，那麼，禮貌則是自覺的、發自內心真誠的人格展示。只有講禮貌，才能彰顯出美的光彩、儀表與風度；只有講禮貌，才能表現出明亮的心靈與美好的道德特質。

有位編輯向一位名作家邀稿。那位作家一向以難對付著稱，所以這位編輯在去他家之前，感到既緊張又膽怯。

剛開始並不成功，因為不論作家說什麼話，這位編輯都說「是，是」或者「可能是這樣的」無法開口說明要求他寫稿的事。他只好準備改天再來向他說明這件事，今天就隨便聊聊天結束這次拜訪。

突然間，他腦中閃過一本雜誌刊載有關這位作家近況的文章，於是就對作家說：「先生，聽說你有篇作品被譯成英語在美國出版了，是嗎？」作家猛然傾身過來說道：「是的。」「先生，你那種獨特的文體，用英語不知道能不能完全表達出來？」「我也正擔心這點。」

他們滔滔不絕地說著，氣氛也逐漸變為輕鬆，最後作家竟答應為編輯寫稿子。這位不輕易應允邀稿的作家，為什麼會為了編輯的一席話，而改變了原來的態度呢？因為他認為這位編輯並不只是來要求他寫稿，他不僅讀過他的文章，對他的事情也十分瞭解，所以不能隨便應付。讓對方以為自己對他的事非常清楚，就能像那位編輯一樣，在心理上占優勢。

禮貌的語言既是滋潤人際關係的雨露，又是個人或機構與公眾關係的溝通橋梁；既是維持交談者良好關係的紐帶，又是維繫溝通者情真意切的橋梁。倘若沒有禮貌的語言，就難以想像人們之間能夠和睦相處，與人交談能夠得以深入。

在總統視察電視台的前一天，電視台的高層告訴節目主持人，明天，總統來視察的時候，你要想辦法得到總統的題詞。主持人聽了既感到欣喜，又感到多少有些為難：我怎麼向

總統提出這個請求呢？第二天，總統在部屬的陪同下，來到了電視台。他走進節目組演播室，在場的所有人都起立鼓掌，氣氛一下子熱烈起來。總統跟大家相互問好之後，坐到主持人常坐的位置上，大家簇擁在他的周圍，七嘴八舌、爭先恐後地與總統交談。一位編導說：「在有魅力的人身上，總有一個氣場，以前我聽別人這樣說過。我看您身上就有這樣一個氣場。」總統不置可否的笑了。坐了一會，演播室裡的氣氛更加活躍、和諧，主持人感覺這是一個短暫、稍縱即逝的好時機。於是走到總統面前說：「總統，今天演播室裡聚集在您身邊的這二十幾個人只是節目組的十分之一。」總統聽了這話，說：「你們這麼多人啊！」主持人接著說：「是的，他們大多數都在外地為採訪而奔波，非常辛苦。他們也非常想到這裡來，想跟您有一個直接的交流。但他們以工作為重，今天沒能到這裡來。您能不能為他們留句話？」主持人說得非常誠懇，而且非常婉轉，然後把紙和筆恭恭敬敬地遞到總統面前。總統看一下主持人，笑了，欣然提筆，總統寫完，全場響起一片掌聲，熱烈的氣氛進入了高潮

主持人的繞圈子的確運用得當，可圈可點。請求題詞，先把在外「四處奔波」、「非常辛苦」的記者抬出來，在感情、道義上繞好了一個讓人不宜也不忍拒絕的「圈套」，加上語氣委婉，表述又貼切誠懇，終於如願以償完成高層交辦任務。

在人際交往中，如果能夠正確使用日常生活中的禮貌用語，不僅有利於營造雙方相處的

融洽氣氛，還能給予別人尊重，並表明自己的修養。

對於一個人來說，不論其在社會上扮演何種角色，充當何種身份，禮貌均是維持其人際關係不斷互動的潛在規則。禮貌是一個人的名片，說話有禮貌的人總是深受他人歡迎。禮貌，雖然看似微不足道，但卻關乎著你的個人形象及他人對你的態度和印象，換而言之也就是說「禮貌是與人共處的金鑰匙。」它既是極易做到的事情，又是較為珍貴、難得的東西。

袁如航是某所大學的一名教授，一天，他一如既往在辦公室備課，猛然間聽到有人敲門，便習慣性地說了一聲「請進」。這時，他抬頭望了一下，是一位並不認識的女生，原本以為她需要尋找別的老師。但那位女生四處張望了一下，無法確認自己所要找的是哪一位，於是便隨口說道：「袁如航呢？」她的話音剛落，辦公室的老師均為之一愣，不約而同將目光投至袁如航。袁如航也為此深感納悶：在學校任教如此多年，還沒有學生敢直呼其名的。他的臉色微微一變，還是很有禮貌地對她說道：「我就是，找我有什麼事情嗎？」

那位女生大大咧咧地回答道：「噢，原來你就是袁如航呀，我可早就聽說過你了，我是李菲教授的學生，我的論文你幫我看一下！」那時候的論文答辯需要請一個校外專家進行指導，而這位女生是一名校外的學生，前來請教袁如航教授為自己批閱論文。

袁如航是一個頗有涵養的人，學生如此沒有禮貌，他卻沒有發火，而是心平氣和的隨口

說道：「那你就放這裡吧！」令他意想不到的是，這位女生竟然把自己的論文向他的桌子上一扔，並大聲催促道：「你快點看呀！後天我們就要畢業答辯了，你可別耽誤我的事！」一忍再忍的袁如航實在難以抑制心中的不滿，便對著她說道：「請問你是找人辦事還是下達命令的呢？你把論文拿走吧，我沒有時間立刻看！」

言為心聲，語為人鏡。禮貌用語是人與人之間進行溝通與交流的基本原則，它不僅能夠贏得別人的尊重，還能拉近彼此間的距離，因此，無論何時何地，說話都不得無「禮」。

見什麼人說什麼話

古人說：「見人說人話，見鬼說鬼話。」從某種程度上而言，這句話就是強調，說話要看對象。

不論在公共場合發表演講，還是與別人隨心所欲交談，說話總是雙向的。除了自己之外，還有聽話的人，因此，說話人不能想說什麼就說什麼，而根據對象，從對象的不同特點出發，說不同的話，從而創造一種和諧、融洽的氣氛，達到順利表述己意的目的。

所謂「對牛彈琴」，從某種意義上來說，還是在諷刺「說話不看對象」者。即使琴彈得再好，對著牛彈也沒有任何意義。說話也是如此，若總是「一視同仁」地說話，不但起不到絲毫作用，反而還會招致不必要的麻煩，甚至引來殺身之禍。

五代後唐時，敬新磨有一次進宮面見皇上，見宮裡養著很多兇惡的狗。當他離開時，一條狗追上來咬住了他的腿。敬新磨急忙背靠柱子，大喊：「陛下，您不要縱容您的孩子咬人哪！」

莊宗出生在北方少數民族，該族人忌諱談狗，所以敬新磨故意用這話來諷刺莊宗在宮中養狗，不成體統。莊宗一聽，火冒三丈，拿起弓箭，準備射殺敬新磨。事情已經到了萬分危急的時候，敬新磨急中生智，大喊：「陛下，您不能殺我啊！我和陛下相輔相成，殺了我對您並沒有什麼好處！」

莊宗聽後非常吃驚，忙問理由，敬新磨不慌不忙地說：「陛下的年號為『同光』，天下人都稱您為同光帝。『同』，就是『銅』，你若是把我敬新磨給殺了，沒有我這『磨』，你那『銅』也就不能發『光』了。」莊宗聽了，非常佩服他的機智，於是就免了他的死罪。

在如今這個社會上，什麼樣的人都有，因此，我們在說話的時候一定要顧及聽話的人，要瞭解聽話者的身份、文化修養等各方面的情況。只有這樣，我們所說的話才會有意義，才能夠達到預期目的。

面對不同的人，就要說不同的話。「見人說人話，見鬼說鬼話，不人不鬼說胡話」，意思就是說，說話的人要有廣博的知識和準確的識人能力，對於不同的人，就要有不同的說話方式。

大思想家孔子常常會帶著他的幾名學生外出講學、遊覽。一天，他們一行人來到了一個村莊，便在一片樹蔭下休息，正準備吃些乾糧、喝些水。突然，孔子的馬掙脫了轠繩，跑到莊稼地裡吃了別人的麥苗。一個農夫立即上前抓住馬，把馬扣下了。

子貢是孔子最得意的學生之一，向來都是能言善辯。面對這種情況，他就憑著自己不凡的口才，自告奮勇地上前試圖說服那個農夫，爭取和解。但是，他說話總是文縐縐，滿口之乎者也，面對農夫，他講了一串又一串的大道理，可謂費盡了口舌，而農夫卻一直聽不進去。

這時，有一位剛跟隨孔子不久的新學生看到子貢與農夫僵持不下，便對孔子說：「老師，請讓我試一試吧。」於是，他走到了農夫面前，笑著說道：「你並不是在遙遠的東海種田，而我們也不是在遙遠的西海耕地，我們彼此相隔並不遠，我的馬怎麼可能不吃你的莊稼呢？再說，說不定你的牛哪天也會吃掉我的莊稼，你說是不是？所以，我們應該相互理解才對。」

聽了這樣一番話，農夫覺得很在理，就沒有再追究，連忙將馬還給了孔子。旁邊幾個農

夫也在議論說：「像這樣說話才算有口才，哪像剛才那個子貢，說話一點都不中聽。」

從這個故事中可以看出，說話一定要看對象，在什麼山就要唱什麼歌。不然的話，不管你多麼能言善辯，別人若不買你的帳，終究還是白費功夫。

黎衍芳和一個很多同學都難以接近的陌生女縫紉師成了朋友。她身旁有台破舊的縫紉機，上面掛著的紙牌上歪歪斜斜寫著：換拉鍊、改長度、縫補衣物。一些女生跟她說話時她總是簡短回答，並且總板著張臉。

黎衍芳想借修理裙子的機會與她溝通，剛坐在她旁邊的小凳子上黎衍芳發現她身邊放著兩根拐杖。起初黎衍芳與她搭話也不順利，她的回答全是「點點頭」。黎衍芳看她三十出頭的樣子，應該有孩子，於是跟她聊孩子，果然一提到孩子她的精神就來了。

黎衍芳瞭解到，她每天風吹日晒做織補只能掙幾百錢，孩子去秋遊一下子就花了兩千多元，相當於五六天的工錢，而她卻說：「孩子需要的，花再多的錢我也願意啊！」看到她談話時慈祥的眼神和幸福的臉龐，黎衍芳感受到了「最親天下父母心」。

如何做到看對象說話呢？其實，最重要的就是要瞭解對象。面對初次相識的人，千萬不要急於說什麼，而應先傾聽對方的話語，倘若對方彬彬有禮，你也就應該和氣、謙遜；若對方說話很直，不會拐彎抹角，你就應該坦誠、實在，想到什麼說什麼；若對方情緒低落，既不愛說也不愛聽，你則應該少說幾句，或者乾脆不說。總之，在日常交際中，一定要在瞭解對方的基礎上，說出合適的、有禮貌的話。

不久前出差住在一家旅店，一個先楊光入住的旅客已悠閒的躺在床上欣賞電視節目，一個後楊光而住的旅客，放下旅行包，洗了洗手，沖了一杯濃茶，邊品邊研究起那位先楊光而入住者：「您來了好久了？」「比這位客人先來一刻。」他邊指著正在看書的楊光邊說。「不是北部人啊？」「噢，我是台中人！」「啊，台中是個好地方啊！我三年前去了一趟科博館，還頗有興致地逛了一圈呢。」

聽了這話，那位台中客人馬上來了興趣，二人從台中和科博館開啟了話題，那樣的親近，不知道的人還以為他們是同行而來的呢。接著他們交換名片，一起用餐，睡覺前雙方居然還在各自身邊帶來的合約上簽了字：互相訂了對方公司裡自己所需的產品。他們的相識，交談與成功，就在於他們找到了對「台中」、「科博館」都熟悉的這個共同點。

在說話時，做到看對象件說話並不是一件容易的事情，這也就需要我們時時刻刻都做有心人。在傾聽別人說話時，要細細品味對方說話的藝術，不斷積累經驗和知識，學會看人說話。

恰當提問，溝通更加順利

人際交往是一門藝術，有效的提問能夠促進交流，使提問者更好的掌握溝通的主動權，能夠幫助提問者瞭解更多的情況。我們可以把談話視為投球、接球的動作，而許多難忘的談話也都是由一個恰當的問題開始的。

在一個你從沒有去過的場所，怎樣才能說出打動人心的話呢？政平在新春宴會上的表現就是一個很好的例子：在一個談論自己成功之道的宴會上，眾多成功的企業家無暇出席，政平的老闆由於有重要事情要辦，便讓公司職位最高的政平代表自己來參加這次宴會。政平本打算露露臉就行了。可是，來到晚宴，發現全場只有六桌，自己還被拉到主桌，坐在政平旁邊的是一個大富翁。當晚，政平覺得很難熬。可是，他只說了一句話，那位富翁整晚就滔滔不絕。他做的這件事就是「請教」。

政平只是問：「早就聽說您公司的大名了，請教您的生意是如何成功的？」於是那位大富翁便滔滔不絕的講起他從年輕到今天的奮鬥過程。

由此看來，提問的方法是非常有效的。不必配合不同的環境去找不同的話題，只要你記住「請教」這兩個字，就可以馬上讓對方打開話匣子。

一位曾參加過二戰的退伍軍人乘車時與一個陌生人相遇，兩人的位置正好在駕駛員後面。汽車上路後不久就拋錨了，駕駛員車上車下忙了一通還沒有修好。這位陌生人建議駕駛員把油路再查一遍，駕駛員將信將疑的去查了一遍果然找到了故障原因。這位退伍軍人覺得他的這絕活可能是從部隊學來的。於是試探道：「你在部隊待過吧？」「對呀，待了六七年。」「噢，算來咱倆還應算是戰友呢。你當兵時部隊在哪裡？」……

於是這一對陌生人就談了起來，據說後來他們還成了朋友。而這份友誼就是在觀察對方以後，發現都當過兵這個共通點而產生的。

在提問的時候，把對方下意識的動作當成打破沉默的話題也不失為一個好的辦法。假如對方只是一味抽菸，你發現他的熄火柴時有某種習慣，就立刻問他：「你熄火柴的動作很有趣，輕輕一彈就熄了。」看到對方的咖啡裡加兩勺半的砂糖，也可發問：「對不起，為什麼你非要放兩勺半砂糖不可……」通常面對這類的問話，人們都有會熱心的回答，說不定還會喚起對方滔滔不絕的回憶呢？而對比較內向、看來羞怯的人，不妨巧妙地先發問，說明他把話題開展並延續下去。

日本作家多湖輝的書中記述了這樣一件趣事：被譽為「銷售權威」的霍伊拉先生的交際訣竅是：初次交談一定要揚人之長避人之短。有一次，為了替報社拉廣告，他拜訪梅伊百貨公司總經理。寒暄之後，霍伊拉突然發問：「您是在哪裡學會開飛機的？總經理能開飛機可真不簡單啊。」話音剛落，總經理興奮異常，談興勃發，廣告之事當然不在話下，霍伊拉還被總經理熱情的邀請去搭乘他的自備飛機呢！

有效溝通是一種很重要的技能，對於溝通，我們首先要明白的就是，它並不是自導自演的獨角戲，而是一場雙向交流。若想要獲得與人溝通的機會，就要獲得他人的好感，拉近與他人的距離，要做到這一點，就需要針對對方的情況，進行恰當的提問。只有這樣，才能夠打開話匣子，使溝通更加順利。

管力偉因為一篇市場調查報告，需要找會計師魏書萍查看有關資料，可是當他一看見魏書萍那滿臉嚴肅神情，心裡便發慌了。

稍微鎮定後，管力偉與她攀談起來：「魏書萍每天倒挺忙的啊！」「對！」「你瀏覽資料如此熟練，一定有些資歷了吧？」「不長。」

幾個回合對話下來，魏書萍不但始終惜字如金般吝嗇作答，而且臉上一直冷冰冰的。於是管力偉轉變談話策略，「聽辦公室主任講，我們公司有兩個天使，你猜是誰？」「不知道！」魏書萍依然簡單作答。「好，我告訴你，一個公關天使是小陳，另一個就是小姐你呀。」管力偉放慢談話速度說。「他們叫我什麼天使？」

管力偉見魏書萍終於活躍起來，故意頓了頓說：「叫你冷豔天使啊！」「簡直胡說八道，其實……」

管力偉面對冷若冰霜的魏書萍，抓住對方的「冷豔」這個弱點，假借第三者的談話進行出擊，這就造成了魏書萍內心尊嚴的一點致命傷，她為了維護自尊，極力向管力偉辯駁，以表明自己的熱情、溫柔和善良，從而在彼此的談話中形成了一個和諧、愉快的回流。

提問的技巧如下：找到能夠回答、樂於提供答案的人，先與他交朋友，再進行提問；提問時，要創造一個他人樂於回答問題的良好氛圍；在閒聊中引出問題要順勢，而不是一開口就盤問；提問時，若他人不願意回答，就應該想一想自己提問的方式是否妥當，千萬不要一味追問，而應換一個方式提問；能夠得到他人的回答是很珍貴的，因此要感謝提供答案的人。需要注意的是，在提問時，要針對目的和對方的特點，巧妙地運用不同類型的問題。

在人際交往過程中，巧妙的提問能夠幫助你不斷獲得所需的知識和資訊，能夠使一個沒有興趣的聽眾變成一個積極的參與者，能夠使自己更快得出結論。

讓對方打開繼續交談的大門

只要是人際交往，一定是雙向，你提出了自己的看法，他也有發表自己意見的空間。兩人交流如果只有尊敬則彼此都不易互相瞭解，但這尊敬往往也只是建立在容忍之上。感情若要長久，又豈能一味容忍？

不管是在工作還是在生活中，有些人常把單向的通知當成了溝通。你在與別人溝通的過程中是否是一方說而另一方聽呢？這樣的模式效果非常不好，換句話說，只有雙向的才叫做溝通，任何單向的都不叫溝通。因此有效溝通另外一個非常重要的前提是：溝通一定是一個雙向的互動過程。

荀正明是一個經營出口加工廠的老闆，工廠加公司有五六百名員工的規模，由於自身積極的投入，不管是在業務上或是在管理上，均有相當的成效，在事業上他每天運籌帷幄，指揮若定，威風八面，宛如領軍千萬的大將，好不神氣。可是，他就是拿他兒子沒有辦法，他們父子倆的代溝，怎麼樣也無法跨越，每次一見面，講不到三句話，就又是拍桌又是摔門，弄得家裡雞飛狗跳。

一天，又是因為兒子的晚歸父子再度爭吵，就在雙方面紅耳赤之際，兒子突然間就住了口，然後一字一字的說出：「爸，再這樣吵下去也不是辦法，我能不能請你把我剛剛說的那句話說一遍給我聽？」「啊？！」荀正明真的嚇了一跳，壓根兒也沒想到兒子會有這種怪招。「你說……你說……做父親的太能幹，當然看不起兒子。」「不對！你再想想看，我是這麼說的嗎？」「渾小子！那你怎麼說的？你自己說過的話，你為何不自己再說一次？」

兒子突然間笑出聲，「你看！從頭到尾，我說什麼你都沒有在聽，那些話是你自己想的，我可沒這麼說。我們不是要溝通嗎？那麼，我說什麼，你重複一次給我聽，再輪到你說，我來重複。」「喂！哪有那麼多美國時間在那邊重複來重複去！你是真的想氣死我啊！」「爸！我們就試試看吧！否則這種爭吵會沒完沒了的，你再想一想我到底是怎麼說的？」荀正明想一想，終於承認：「我真的想不起來，你再說一次好了。」「好吧！我說，父親很能幹，兒子一方面很佩服，一方面怕自己跟不上，心裡多少有點壓力。」

荀正明冷靜一想，兒子說的也合情合理呀，自己怎麼會那麼激動？結果，這天晚上，他們父子倆竟然可以談上兩個小時而不吵架，這個效果連荀正明也意想不到。一覺醒來，雖然睡眠不足，但荀正明可是神清氣爽，一大早就到公司。

因為早上要開一個重要的採購會議，討論的是未來所要採購價值一千萬的機器，到底要用美國貨好、還是日本貨好。依採購部的報價，日本製的價格便宜，品質也不差，可是工程師卻主張買美國貨。會議中，荀正明讓總工程師發表意見，這是一種表面上的禮貌，總工程師也知道，老闆做久的人，多少喜歡獨斷獨行，什麼事情早就心有定見，經驗告訴他，老闆問他只是個形式，誰不想省錢？老闆要買那一種大家早就心知肚明，因此他無精打采，說不到五分鐘就說沒意見了。

若是往常，荀老闆總是會在這個時候大唱獨角戲，享受那種權威感，今天竟然是……「總工程師，我來重複你的要點，你看我說的跟你的意思是不是一樣：日本製的機器，價格雖然便宜，東西也不錯，可是將來如果有了故障，要他們來做售後服務，問題就來了，他們的人因為語言問題無法跟我們直接溝通，找來的翻譯對於精密儀器詞彙又是外行，機器壞在哪裡，我們無法充分瞭解，下次再發生一樣的問題，還是要請他們的日方的人來，說不定還會耽誤生產時間，如此算下來，買美國貨還比較便宜！」

聽到荀老闆的重複說明，總工程師眼睛漸漸亮了起來，他打起精神，再次補充，就這麼你一言我一語的，大家滔滔不絕的討論了起來……

如果是要吵架，彼此只顧著反擊對方就好了，如果想要解決問題，就應該誠心去理解對方的想法。在你闡明自己的觀點或是反擊之前，要把對方的意思消化一下，通常，這時你會發覺，溝通會變得更加順暢。

賓州大學法律系教授艾德恩凱迪博士，已任教了二十年，每學期他在上第一堂課的時候，他總是先在黑板上寫下兩個數字：四和二。

然後他問學生：「結果是多少？」許多學生都爭相作答。有的說：「六。」他搖著頭。有的說：「二。」他搖著頭。最後有人得意地說：「我知道了，那是八。」他也沒點頭。

學生一陣納悶，凱迪博士才說：「你們根本還沒問這是個什麼題目？是加法、減法、乘法或除法？你們不瞭解問題，又怎麼能說出真正的答案呢？」

我們常常也是如此。在還沒弄清楚問題之前，就急忙下定義，做出似是而非的決定，如此又怎麼能得到最正確無誤的答案呢？在沒有聽清對方的話之前，就忙不迭的加以否定，這樣的反駁怎麼能夠服人呢？

喋喋不休、自說自話並非老人的專利，有許多人都不懂得說話的藝術。切記，溝通應該是雙向的溝通，而非一面倒的自言自語。千萬不要嘴巴一打開就合不上，往往對方都已走神沒在聽了，自己還不自覺的滔滔不絕。

有則笑話是這樣說的：一位老先生對兒子說：「我這五十年來沒有跟你媽講過一句話。」兒子詫異地說：「怎麼可能，昨天我還親耳聽到媽在數落您的不是。」老先生說：「沒錯，這五十年來你媽每天嘮嘮叨叨地像個關不上的水龍頭，她從來沒發現我沒對她說過一句話。」

如果你不想成為笑話中那個可憐的老媽，就記住兩個詞吧：雙向、互動。

撥動聽者的心弦

寫作講究「讀書破萬卷，下筆如有神」。說話與寫文章是同一個道理，只有自己看的東西多了，才能夠妙語連珠，說出有水準、有見解的話。

有誰見過一個沒上過幾天學的人能口吐蓮花呢？能很快打動人心的話語是建立在深厚的學識基礎之上的，如果脫離了這個根本，那麼言談就會成為「無源之水、無本之木」，淡而無味，哪裡還能說服別人呢？

麗明是一名大三的學生，平時她最愛做的事情就是待在圖書館，各種類型的書都喜歡看一些，各個學科都喜歡研究一下，連政治、軍事書籍她也不會放過。這些書籍開闊了她的視野，也讓她瞭解了各方面的知識，所以她一說話總是頭頭是道，讓人信服。後來，她代表全校去參加了全國辯論大賽，拿了第一名。肚子裡有「墨水」，說出來的話才有水準。

說話雖然需要一定的技巧，但也與一個人掌握知識的多少有著密切的關係，正所謂「腹有詩書氣自華」。知識面不夠寬廣的話，就算口才學得再好，技巧掌握得再多，也是無法說出讓別人感動的話。

芳子去某家電子公司應聘時，穿的是一襲雅緻的洋裝。老闆問她，為什麼願意離開家，從遙遠的北海道到外國來工作。芳子微笑著說：「在臺灣一年四季都可以穿裙子！」這出乎

意料的回答，令老闆十分歡喜。他馬上笑著站起來，走過去握著她的手說：「好，我們歡迎妳，妳有一顆純真質樸的心。」

縝密的思維，幽默機智的應答，準確的表達，這一切無疑都來源於頭腦中的廣博知識，那種不著邊際的，沒有什麼實際意義的誇誇其談並不等於好口才。要有內涵才能口吐蓮花，妙語連珠，傾倒眾人。

在社交場合中，如果一位先生擁有良好的舉止儀態，說話的聲音也很有磁性，那就會更加增添他的氣質，使他的語言充滿感染力。你的聲音也需要「包裝」，使其變得優美動聽。生活中，你的聲音常常比思想更重要。一個音色柔美動聽的人，很容易被周圍的人接受，即使他思想幼稚，別人也會說那是純潔。相反的，如果聲音難聽，儘管很有頭腦，也較難令人有好感。

張豪原來是經濟日報專刊部記者，該報社不僅要求記者一個月完成多少字的文字稿，還要負責招攬廣告客戶。而學中文的他對家電、電腦市場行情一竅不通，要寫好這方面的文章，使張豪感到力不從心，壓力很大。於是他才來到另一家報社應聘新聞記者。當面試者問他：你是否覺得在經濟日報的工作壓力太大？張豪說：「彈簧若沒有壓力彈不起來，我想人也一樣。越有壓力，工作起來越有幹勁。」結果，張豪如願以償的進入了新的報社。

我們往往有這樣的經歷，同樣的話，從不同人的口中說出，效果可能大不相同。因為他們說話時的聲音、語調等不同，所以說話時的感情自然也不一樣。有人氣質優美，但一發聲，人們就想跑。其實，聲音也是可以訓練的，就如同女人的體態可以塑造一樣。

在一次職業博覽會上，警察局研究所的招聘桌前，圍滿了前來求職的男性。一個年輕的女大學生硬是擠到招聘桌前，向招聘人員表明自己渴望從事刑事檢驗分析研究工作。

招聘人員面露難色，因為這個研究所從來沒有過女工作人員。可是，面對著女學生懇求的目光，招聘人員決定破例給她一次機會。他說：「工作人員需要親臨案件現場，遇到的全是血淋淋的場面，女孩子有誰敢去呢？」「我就敢去，」女子毫不含糊地說，「讓我抬死人，我也不怕。」「妳可別說大話，做這一行沒黑夜，沒白天，得隨叫隨到。」「我平常的打工就是幫人家開車，要開到哪裡沒點膽量行嗎？」說著，她掏出了駕照。

面試官一下被她說服了，這樣自信能幹的女孩比有的年輕男孩還要能幹呢！這個研究所的人事部當場決定與之簽訂了僱用合約。

失去了聲音的魅力，就如孔雀失去羽毛一樣。所以，每個人都應該像訓練體態一樣去訓練聲音，這能增加你的自信，贏得更多人的喜愛。

第二章　說話要善於迎合對方

一個善於交際的人，一定不是個說話時不知所云、東拉西扯、離題萬里的人。如果談話的對方，為了某事特別憂愁、煩惱時，就應該首先以體諒的心情說：「我理解你的心情，要是我，我也會這樣。」這麼一來，就會使對方感到你對他的感情是尊重的，才能形成一種同情和信任的氣氛，從而使這次的交流也容易順利。

說話要迎合對方的心意

成功學大師卡內基說：「即使你喜歡吃香蕉、三明治，但是你不能用這些東西去釣魚，因為魚並不喜歡它們。你想釣到魚，必須下魚餌才行。」聰明的人在說服別人的時候，懂得迎合別人的喜好，這樣能讓對方感覺到受重視、受尊重。當然，這個「迎」，一定要迎合得巧妙，不能讓對方看出任何破綻。

一次，乾隆皇帝與紀曉嵐在後花園閒談，乾隆有意捉弄一下他，就故意問紀曉嵐道：「愛卿，你說忠孝二字應當如何解釋呢？」紀曉嵐說：「按一般說法是，君要臣死，臣不得不死，這就是忠；父要子亡，子不得不亡，這就是孝。」乾隆聽完，詭祕的笑了一下，誇讚紀曉嵐說：「你說得真不錯啊！」停了一會兒，接著問道：「那你是不是忠臣呢？」紀曉嵐說：「當然是忠臣啦！」

乾隆說：「那很好，既是忠臣，如果我今天要你去死，你就應當盡忠呀！」說完，兩眼故意盯著紀曉嵐不放。紀曉嵐從容答道：「皇上真要臣死，臣萬死不辭！」乾隆一聽，哈哈地笑了起來，說：「不要你萬死啊，只要你死一次就足夠了！」接著乾隆故意問道：「那麼，你打算怎麼個死法呢？」「很簡單，微臣打算投河自盡，葬身魚腹。」紀曉嵐很認真的回答。「那好吧，你可以退下了。」乾隆心想：紀曉嵐呀，紀曉嵐，我看你怎麼辦？紀曉嵐真的退下去了。過了片刻，他又回到乾隆的面前。見紀曉嵐又回來了，乾隆就故意板著臉責問道：「你不是要盡忠嗎？怎麼又回來了呢？」

這時，紀曉嵐故意裝出極嚴肅的神情，回答道：「報告皇上，我本是要投入江中，表明自己是忠於皇上的，但剛走到江邊，正要投水之時，突然從江裡走出來古代大詩人屈原，他一再制止我，不讓我投江。」乾隆問：「豈有此理，屈原怎麼會不讓你投江呢？」

紀曉嵐說：「皇上，屈大夫勸我千萬不要投江。他對我講：『你要投江自盡，那是極大的錯誤啊！想當年，楚懷王昏庸無道，不聽勸諫，我不得已才去投汨羅江的呀！如今是太平盛世，皇上又如此聖明，你怎麼能投江呢？你真要投江，也得先問問皇上，看他是不是像楚懷王那樣的昏庸。如果真是一個昏君，那麼你再來投江也不遲呀！』我覺得屈原大夫講得很有理，所以特地回來向您請示。」乾隆聽罷，哈哈大笑起來，一邊笑，一邊說：「好個巧舌如簧呀，朕就免你一死吧！」

誰都有自己感興趣的 東西，有的人喜歡籃球，有的人喜歡軍事，有的人喜歡音樂，有的人對演藝圈的八卦新聞感興趣，有的人對書法繪畫感興趣，有的人對烹調食物感興趣，有的人對神祕現象著迷等等。總之，每個人都有一項或是多項的興趣，會說話的人在與別人交往過程中，懂得迎合別人的興趣。

辜洪英是一家房地產公司的公關助理，奉命聘請一位特別著名的園林設計師為該公司的一個大型園林專案做設計顧問。但這位設計師已退休在家多年，且此人性情清高孤傲，一般人很難請得動他。

為了博得老設計師的歡心，辜洪英事先做了一番調查，她瞭解到老設計師平時喜歡作畫，便花了幾天時間讀了幾本傳統美術方面的書籍。她來到老設計師家中，剛開始，老設計師對她態度很冷淡，辜洪英就裝作不經意的發現老設計師的書桌上放著一幅剛畫完的國畫，便邊欣賞邊讚嘆道：「老先生的這幅丹青，景象新奇，意境宏深，真是好畫啊！」一番話使老先生升騰起愉悅感和自豪感。接著，辜洪英又說：「老先生，您是學清代山水名家石濤的風格吧？」這樣，就進一步激發了老設計師的談話興趣。果然，他的態度轉變了，話也多了起來。接著，辜洪英對其所談話題刻意探問，環環相扣，使兩人的感情越來越親近。終於，辜洪英說服了老設計師，出任其公司的設計顧問。

人類本質裡最深層的驅動力就是希望具有重要性。你要別人怎麼待你，就得先怎樣待別人。那麼，如果你想讓別人對你感興趣的辦法只有一個，那就是先對別人感興趣。

西元一六七一年，英國國王的皇冠被竊，舉世為之震驚。以布萊特為首的五人犯罪集團很快被警方捕獲，並全部判處死刑。正當人們翹首期待目睹罪犯的下場時，事態的發展卻急轉直下。原來，英王查理二世對這些目無法紀的竊賊頗感興趣，決定親自審問他們。布萊特這夥罪犯以超凡的氣度、博取歡心的美言和伶俐得體的答辯，深得英王好感，一喜之下，眾罪犯不僅免於一死，而且得到了一筆數目可觀的賞金。

布萊特的辯詞可謂精彩至極，極盡的吹捧博歡，顯示出十足的無賴本色，卻又充滿了膽

略和才氣。以下摘錄審訊對話的精彩片段：

查理二世：「你還兩次企圖刺殺奧蒙德公爵，是嗎？」

布萊特：「陛下，我只是想看看他是否配得上您賜給他的那個高位。要是他輕而易舉被我除掉，陛下就能挑選更適合的人來接替。」

英王沉吟片刻，仔細打量這位囚徒，覺得他不僅膽子大，而且伶牙俐齒。於是他又問：「你膽子越來越大，這回竟偷我的皇冠來了！」

布萊特：「我知道這個舉動太狂妄，可是我只能以此來提醒陛下關心一下一個生活沒著落的老兵。」

英王：「你又不是我部下，要我關心你什麼？」

布萊特：「我的陛下，我從來不曾對抗過您。過去英國人之間兵戎相見，很是不幸，但現在天下太平，所有人都是您的臣民，我當然是您的部下。」

英王覺得他簡直是個無賴，但仍問道：「你自己說，該怎麼處罰你。」

布萊特：「從法律角度講，我們應該被判處死刑。但是，我們五人死後，每人至少有兩個親屬會為此流淚並詛咒您。從陛下您的角度看，多十個人讚美您總比多十個人流淚詛咒您好得多。」

查理二世萬萬沒料到他會如此回答，不由自主的點點頭，又問：「你覺得自己是勇士還是懦夫？」

布萊特：「陛下，自從您的通緝令下過以後，我沒有藏身之地，迫不得已在家鄉辦了一次假出殯，希望警方誤以為我已死而不再追捕，這誠然不是勇士的行為。所以，在別人眼裡我也許是個勇士，可是，在您——陛下——真正的勇士面前，我只是個懦夫而已。」

查理二世對此番對話非常欣賞，居然破天荒下令免除布萊特死刑。

愚蠢的人在與別人交往的時候，只談論自己，從來不考慮別人，這樣的人永遠不會得到別人的認同。能長久與人交往的訣竅就在於迎合他的興趣，談論他最為喜歡的事情。

在「奉承」的同時予以鼓勵

如果你說出的話不能打動人，那奉承話就等於是噪音。好的奉承話可以令人非常高興，讓人在不知不覺中把它當成是真誠的奉承，而且還能夠皆大歡喜。奉承話說得好的人都喜歡專注的聽眾；手握重權的當權者喜歡公開的讚美。在最恰當的場合，奉承話說得好的人會很真誠的仰慕被奉承的人，既討他的歡心，也討在場其他人的歡心。

一次，宰相劉墉陪乾隆皇帝聊天，乾隆很感慨的說：「唉！時光過得真快，就快成了老人家嘍！」劉墉看看皇帝一臉的感傷，於是說：「皇上您還年輕呢！」「我今年四十五歲，屬馬的，不年輕啦！」乾隆搖搖頭，接著看了一眼劉墉問：「你今年多大歲數啦？」劉墉畢恭畢敬地回答：「回皇上，我今年四十五歲，是屬驢的。」乾隆聽了覺得很奇怪，於是就問：「我四十五歲屬馬，你四十五歲怎麼會屬驢呢？」「回皇上，皇上屬了馬，為臣怎敢也屬馬呢？只好屬驢嘍！」劉墉似笑非笑的回答。「好個伶牙俐齒的劉羅鍋！」皇上撫掌大笑，一臉的陰霾盡去。

你必須要能夠面對眾多的人群，並在其中找準要奉承的目標。奉承者的心中要有廣大的聽眾，不僅只是被奉承的人，也不僅只是當下的聽眾，還要包括未來可能的那些聽眾。一流的奉承者會做出得體的令人尊敬的奉承，可以毫不臉紅的重複。例如有的人很會向上司提意見，不僅不會使上司討厭他，而且他的善於提出好建議能讓上司更喜歡他。

西元前二四三年十月，秦國遭遇蝗災，天下飢荒，百姓餓死者無數。有一天，呂不韋召集百官商議對策，百官皺眉，都一籌莫展。呂不韋十分掃興，他想起了頗具才華的李斯，於是便令人招來李斯幫他出主意。李斯聞言，早已成竹在胸。他針對百姓缺糧、富豪藏糧囤積居奇的國情，獻策說：「富豪不肯繳納粟穀，皆因一個『利』字。相國可詔令國人，凡能向國家交納粟穀一千石者，可拜爵一級。有此重利，必使富豪爭相交納粟穀，則飢荒可緩解，民心可安。」呂不韋聞言，覺得李斯言之有理，果然計謀出眾，便依策報請秦王嬴政詔令天下。詔令一出，富豪爭相獻糧，解救了秦國的飢荒之災。

事後，呂不韋對李斯更加賞識，認為李斯不但善寫文章，而且有經世之才，應當重用。於是，他向秦王舉薦，讓李斯當了郎官，專司守護宮門，守衛秦王。郎官雖小，但能接近秦王。李斯覺得，這是蒼天賦予他接近秦王的機遇啊！不出所料，果然不久機遇就來了。一日，秦王乘輿郊遊，李斯緊隨身後，忽聽年輕的秦王嬴政面對無垠曠野有感而發的吟詠道：「天地悠悠，何其大也！」「普天之下，莫非王土；率土之濱，莫非王臣！」李斯趕緊機靈的應和。秦王嬴政發現身邊的郎官很精明，便詢問其來歷。李斯心中暗喜，立即恭敬的將自己拜師荀卿、投身呂相國門下當舍人的經歷作了簡略稟報。

秦王嬴政早知荀卿頗知帝王之術，於是考問李斯道：「你既是名師之徒，對帝王之術有何見地？」李斯毫不遲疑地說：「帝王之術不過是個『一』字！」「此話怎講？」「軍必有將，國必有君，天下必有天子，皆因要統一軍令、統一政令。一則治，異則亂；一則安，異則危。當今諸侯分立，戰禍連年，民不聊生，是為亂世。久亂必治，久分必合，天下歸一，勢在必行。秦有兵革之強，物產豐富，理應統一天下，結束分裂。諸侯合而歸一，天下方能大治……」秦王嬴政聽罷大喜，得意道：「我秦國真是人才濟濟，連小小的郎官也語出不凡！」

郊遊歸來後，李斯興奮難寐，他抓住時機，發揮所學，連夜給秦王寫了一道關於吞併六國、統一天下的奏疏。第二天輪值，李斯親自把奏疏呈送給秦王嬴政。秦王嬴政閱畢，驚喜不已：李斯所言竟與自己的意圖暗合。他如獲知音，深感李斯絕非等閒之輩。於是當即下達詔令，任命李斯為長史，讓他參與朝廷國策。

在社會上，奉承是生活的一項內容。在職場奉承來巴結討好同事和上司。教師和家長則透過奉承來鼓勵他的學生和孩子。

對別人感興趣

有一些日本大公司在招聘面試時，專門就說話能力規定了若干不予錄用的條文。其中有：應聘者聲若蚊子者，不予錄用；說話沒有抑揚頓挫者，不予錄用；交談時，不得要領者，不予錄用；交談時，不能乾脆俐落回答問題者，不予錄用；說話無生氣者，不予錄用；說話顛三倒四、不知所云者，不予錄用……

這些大公司的規定反映了這樣一個事實：說話與事業的關係至為密切，它是勝任工作最重要的條件之一。因為當眾說話水準高，能說會道，才能正確地領悟上司的意圖並恰當的表達出來，一個唯唯諾諾、語無倫次的人必定不能勝任自己的工作。透過說話讓上司、同事、更深層次地瞭解你，才能讓大家信任你，才有機會被提拔到更高的職位，勝任更重要的任務，才會有施展才華、事業成功的機會。用好這種催化劑，事業的成功也就指日可待了。

奧地利著名心理學家阿爾弗雷德·阿德勒在其著作中有這樣一句話：對別人不感興趣的人，他一生中的困難最多，對別人的傷害也最大。所有人類的失敗，都出自這類人。

比如你是一位推銷員，你可能正在為找不到顧客而發愁。那麼從現在開始不用著急，只要你對別人真心的感興趣，在接下來的兩個月內你認識的顧客，會比一個要求別人對他感興趣的人，在兩年內認識的人都要多。會說話的人，常常都是最善於說對方感興趣話題的人；最會辦事的人，也常常是那些做了讓對方感激或感動的事的人。

被公認為是世界魔術師中的魔術師的赫萬·哲斯頓，在他活躍的那個年代，他精彩的表演能讓超過六千萬的觀眾買票進場看他的演出。他成功的祕訣是什麼？很簡單，就是從觀眾的角度出發，多為觀眾著想，懂得表現人性。哲斯頓對每個觀眾都表現得真誠且感興趣。他說：「許多魔術師在看到觀眾時會對自己說：『坐在台下的都是一群傻子和笨蛋，我能將他們騙得團團轉。』」而哲斯頓卻不這樣想，他每次在上台時都會對自己說：「我得拿出最好的表

現，因為這些人來看我的表演，是我的客戶，是他們讓我過上舒服的日子，因此，我要將最高明的手法表演給他們看。」

說話也一樣。如果你想讓自己說出的話具有價值，能引起共鳴，或者能帶來價值，那麼你就要記住一條黃金法則，那就是——你想要別人如何對待你，你首先就要如何對待別人。你只有從關懷對方的角度出發，多為對方著想，才能贏得對方的信任和認可。

一天，卸任後的羅斯福到白宮去。不巧的是，塔虎脱總統和夫人都不在。這時，他那種真誠對待身份卑微的人的態度完全體現出來了：他和所有的白宮僕人打招呼，而且能叫出每個人的名字，連廚房的員工也不例外。

當他見到廚房的愛麗絲時，問她是否還烘製玉米麵包。愛麗絲回答，她有時為其他僕人烘製一些，但是樓上的人都不吃。「他們太不懂美食了。」羅斯福頗為不平，「等我見到總統的時候，我會這樣告訴他。」愛麗絲拿出一塊玉米麵包放在盤子上給他，他一面吃著一面向辦公室走去，經過園丁和工人的身旁時，也逐個跟他們打招呼……

越是沒有架子、真誠對他人感興趣的人，才越能贏得對方的尊重。

不對人感興趣，怎麼知道別人的長處與優點呢？自負的人以為自己是這個世上最聰明的人，所以對他人不屑一顧。這種人遇到困難後，很難得到別人的幫助，因為他的生活中沒有良師益友。每個人都覺得自己很重要！或者說，每個人都希望被別人認為很重要。這無可厚非。如果對方感覺到他在你心目中很重要，那就更好了。可是有些人覺得自己很重要，卻忘了別人也需要這種感覺。他們在不經意間流露出對人的輕視，於是受到大家的疏遠。只有使別人覺得你對他很感興趣，他認為他在你心裡很重要，或者有價值，他才會感激你、歡迎你。

查理斯先生在紐約一家大銀行供職。他奉命寫一篇有關某公司的機密報告。他只知道有一家公司的董事長擁有他需要的資料。查理斯便去拜訪這位董事長。當他走進辦公室時，一位女祕書從另一扇門中探出頭來對董事長說，今天沒有什麼郵票。「我替兒子收集郵票。」董事長對查理斯解釋。那次談話沒有結果，董事長不願意提供任何資料。查理斯回來後感到十分沮喪。然而幸運的是，他記住了那位女祕書和董事長所說的話。第二天他又去了。讓人傳話進去說，他要送給董事長的兒子一些郵票。董事長高興極了，用查理斯的原話說：「即使競選國會議員也沒有這樣熱誠！他緊握我的手，滿臉笑容。『噢，喬治！他一定喜歡這張。瞧這張，喬治一定把它當作無價之寶！』董事長連連讚嘆，一面撫弄著那些郵票。整整一個小時，我們談論著郵票。奇蹟出現了：沒等我提醒他，他就把我需要的資料全都告訴了我。不僅如此，他還打電話找人來，把一些事實、資料、報告、信件全部提供給我。此行大有收穫！」查理斯滿載而歸。他並沒有發現什麼新的真理，遠在耶穌出生的一百年前，著名

的老羅馬詩人就已說過：「你對別人感興趣，是在別人對你感興趣的時候。」

所以，如果你想要別人歡迎你，你就該記住一個信條：真誠的對別人感興趣。

知道如何迎合人們心理

發現別人犯了錯，不懂得打動人心的人會毫無顧忌的說：「你錯了。」而聰明的人則不會這樣說，他懂得給人留面子，懂得批評的目的是為了讓別人認識並改正自己的錯誤，而不是要制伏別人或讓別人無地自容，更不是為拿別人出氣或彰顯自己的威風。有句老話說：「人活一張臉，樹活一張皮。」這裡的臉就是面子的意思。學會為別人保全面子，是人與人交往說話時的一條基本原則。即便別人犯了錯，也要懂得給人留面子。

有些人總是容易得理不饒人，看到別人的錯誤，就不留情面地批評，例如「早就跟你說過你錯了，你就是不聽。」「是你把事情搞砸的。」「誰像你那麼不開竅，換我幾分鐘就做完了。」如此這般批評別人的話，誰聽了都不會痛快。人人都最愛惜自己的面子，而這樣直接的批評顯然是極不給人面子的一種表現。

聰明的人在說話的時候，懂得給人留面子，他們從來不會把話說死、說絕，使得自己毫無退路可走。

一九三〇年代，美國經濟危機期間，約翰的家像許多家庭一樣陷入了貧困之中。約翰是家中最小的孩子，他的衣服和鞋都是哥哥姐姐們穿不下的，傳到他這裡，已經破爛不堪。

一天早上，他的媽媽遞給他一雙鞋，鞋子是褐色的，鞋頭部分非常尖，鞋跟比較高，很顯然是一雙女式鞋。他雖然感到很委屈，但是他知道家裡確實沒有錢給他買新的鞋子。快走到學校的時候，他低著頭，生怕遇到自己的同學，笑話自己。可是，突然，他的胳膊被一個同學抓住了，只聽對方大聲喊道：「哎！快來看吶！約翰穿的是女孩子的鞋！」約翰的臉刷一下就紅了，他感到既憤怒，又委屈。

這時，瑪麗老師來了，大家才一哄而散，約翰也乘機回了教室。

上午是瑪麗老師的課，她問大家想不想聽有關牛仔的生活和印第安人的故事，大家都說想聽。於是，瑪麗老師向大家講起了有關牛仔的生活和印第安人的故事，大家聽得津津有味。瑪麗老師有個習慣，就是邊走邊講。當她走到約翰的座位旁邊，她嘴裡仍舊不停說著。突然，她停了下來。約翰抬起頭，發現她正在目不轉睛地注視著自己的那雙鞋，他一下子又感到無地自容。「牛仔鞋！」瑪麗老師驚奇的叫道，她驚訝地大叫道，「哎呀！約翰，這雙鞋你究竟是從哪裡弄到的？」她的話音剛落，同學們立刻蜂擁了過來，他們羨慕的眼神讓約翰快樂得不得了。同學們排著隊，紛紛要求穿一穿他的「牛仔鞋」，包括先前嘲笑他最厲害的那位同學。瑪麗老師沒有直接對嘲笑約翰的那位同學說：「你錯了。」因為那樣會讓約翰更沒面子，她採取了一個特殊的方式，保全了約翰的面子。

與人說話的目的是溝通，方式不當的話語容易讓人覺得丟面子。記住：永遠不要在公共場合或當著第三者的面說別人的不是。同時，在說別人不是的時候，最好肯定一下別人的優點和長處，這是讓人保住面子的最好方法。

在批評別人的時候，我們要明白，批評是為了讓對方認識到錯誤，改正錯誤，積極把事情做好，而不是為了要制服別人，更不是為拿別人出氣或顯示自己的威風。如果你不懂得如何批評別人，以下幾種批評方式，也許對你與他人的溝通有所幫助。

作家班奇利在一篇文章裡謙虛的談到他花了十五年時間才發現自己沒有寫作的才能。結果，一位讀者來信對他說：「你現在改行還來得及。」班奇利回信說：「親愛的，來不及了，因為我已無法放棄寫作，我太有名了。」

這封信後來被刊登在報紙上，被人們談笑了很長一段時間。事實上，班奇利的作品聞名遐邇，但他沒有直接指責那位讀者，而是以令人愉悅的、迂迴的方式回答了問題，既保護了讀者的自尊心，也保護了自己的名譽。

幽默式批評是以不太刺激的方式點到被批評者的要害之處，含而不露，以緩解被批評者的緊張情緒，啟發被批評者的思考，增進相互間的感情交流，使批評不僅能達到教育對方的目的，也能創造一個輕鬆愉快的氣氛。

有位女作家應邀到某校演講，時間安排在下午的第一節課，還沒開始講，她就發現已經有同學在打瞌睡了。她拍拍桌子，大聲說：「在這個悶熱的午後，各位要聽我這個老太婆說話，一定很想打瞌睡，不過沒關係，各位可以安心地睡。但有兩個原則，一是姿勢要優雅，不能趴在桌子上；二是不准打鼾，以免干擾他人。」說完，全班哄然大笑，沒有一個人再打瞌睡。

美國著名企業家瑪麗·凱在《談人的管理》一書中說道：「不要只批評而要讚美。這是我嚴格遵守的一個原則。不管你要批評的是什麼，都必須先找出對方的長處來讚美，批評前和批評後都要這麼做。這就是我所謂的『三明治策略』——夾在大讚美中的小批評。」被批評者的最主要的心理障礙是擔心自己沒面子，損害自己的利益。為此，你在批評前，就要先幫助他打消這個顧慮。打消顧慮的方法就是將批評夾在讚美當中，也就是在肯定的基礎上再進行適當的批評。

馮玉祥將軍向來提倡廉潔簡樸，他下令不准部下穿綢緞衣服。一次，馮玉祥將軍看到

一個士兵穿著一雙緞鞋，連忙上前深深地作了一個揖，把士兵弄得莫名其妙，呆若木雞。最後，馮玉祥告訴他說：「我並不是給你行禮，只因為你的鞋子太漂亮了，我不敢不低頭下拜呢！」那個士兵嚇得魂飛魄散，連忙脫下新鞋，赤著腳跑回去了。

這就是用借彼喻此的間接式批評方法聲東擊西，讓被批評者有一個思考餘地。較含蓄也較不會傷到被批評者的自尊心。

有些人喜歡直言快語，有什麼說什麼，從來沒有什麼忌諱。這種性格雖然沒什麼不好，但是這種說話方式，我們不提倡。因為很多時候，直言快語如一把刀子，易傷人。一些人說話隨意，不考慮對方的反應，不考慮說出的話會導致什麼後果，常給自己惹來不必要的麻煩，給自己的人際關係造成傷害。

萍萍是個心直口快的女人。有一次在保齡球館和辦公室的同事打球，對方是初學，球藝自然不行。出於好心，她便當教練教起對方來。打球過程中她一會兒說人家「你這人看起來挺精明的，怎麼學打球這麼笨。」一會兒說人家「腦子是不是進水了。」氣得同事不客氣的說：「你說話可不可以含蓄點？」「什麼含蓄，你笨就笨嘛，還不讓人說了，真是的！」就這樣，同事氣得轉身走了。兩個人弄得十分不愉快。

言語可以是蜜糖，客客氣氣的讓人聽了心裡舒服；言語也能變成一把刀，刺得人心裡流血。直言直語的人會讓人對她痛恨不已，甚至心生報復。而說話含蓄的人則會使人對他心生好感。

田珍麗去出差，就遇到過這麼一件事。田珍麗下飛機後提著大包小包走出了機場。由於她只顧東張西望的尋找接她的朋友，一不小心撞在了一個行人的身上。那個人長得非常高大，被撞後睜大兩眼瞪著田珍麗生氣的吼道：「你幹嘛？走路沒長眼睛嗎！」聽著對方的話，田珍麗心裡很不高興，剛想回敬兩句，轉念又想，算了算了，他不文明，我不能不禮貌，吵幾句又能怎樣？搞不好麻煩會更大。想到這裡，她連連道歉，說道：「實在對不起，我著急著找人，真不是故意的，請多包涵。」田珍麗幾句話，說得那個人也不生氣了。他只是餘怒未消地看了田珍麗一眼，逕直走了。

試想一下，如果田珍麗直言快語，以不敬還不敬，以不禮貌對不禮貌，結局恐怕就是另外的樣子了。直言直語是一把雙刃劍，而不是一把可以披荊斬棘的開山斧。因此，在你語言的刀子上加一把刀鞘，讓你的語言含蓄一些，不要冒犯別人，否則，這把刀子砍傷了別人後也會砍傷自己。

胡雅麗是一家公司的職員，她的心地好是大家公認的，可是一直無法升遷，和她同年齡、同時進公司的同事不是外調獨當一面，就是成了她的頂頭上司。另外，別人雖然都稱讚

她「人好」，但她的朋友卻並不多，不但下了班沒有「應酬」，在公司裡也常獨來獨往，好像不太受歡迎的樣子……問題就在於她說話太直了，總是直言直語，不加修飾，於是直接或間接地影響了她的人際關係。

如果你是一個平時喜歡直言直語的人，在以後的生活中要有意識的改正這一缺點，少直言指責他人處事的不當，或糾正他人性格上的弱點。這不是「愛之深，責之切」，而是和他過不去，很容易就與人撕破臉面，連朋友都做不成了。

要懂得迎合客戶的心理

會說話的人往往是一位善於讚美別人的人，他會抓住對方身上最閃光、最耀眼、最可愛而又最不易被別大多數人重複讚美的地方，為別人戴一頂受用的高帽，讓他有飄飄然的幸福。讚美是件好事，但卻並非一件簡單的事。

推銷大師原一平說：「我之所以被人稱為推銷之神，可以歸功於我的談話技巧。我覺得談話技巧非常重要。」他認為在約見客戶的過程中，設法打開沉悶的局面，創造一個融洽和諧的氣氛是十分重要的。只有在這樣的氣氛下生意才可能成交。而要達到這一點要求，推銷員必須注意談話的技巧，發揮自己幽默、親切的特點。

原一平曾以「切腹」來逗準客戶笑，拉近兩人的關係。一天，原一平拜訪一位準客戶。「你好，我是明治保險公司的原一平。」對方端詳著名片，過了一會兒，才慢條斯理的抬頭說：「幾天前曾來過某保險公司的業務員，他還沒講完，我就打發他走了。我是不會投保的，為了不浪費你的時間，我看你還是找其他人吧。」「真謝謝你的關心，你聽完後，如果不滿意的話，我當場切腹。無論如何，請你撥點時間給我吧！」

原一平一臉正氣的說，對方聽了忍不住哈哈大笑起來，說：「你真的要切腹嗎？」「不錯，就這樣一刀刺下去……」原一平邊回答，邊用手比劃著。「你等著瞧，我非要你切腹不可。」「來啊，我也害怕切腹，看來我非要用心介紹不可啦。」講到這裡，原一平故意讓表情突然由「正經」變為「鬼臉」，於是，準客戶也忍不住和他一起大笑起來。

不管怎樣，總要想辦法逗準客戶笑，這樣，也可提升自己的工作熱情。當兩個人同時開懷大笑時，陌生感消失了，成交的機會就會來臨。

「你好，我是明治保險公司的原一平。」「噢，明治保險公司，你們公司的業務員昨天才來過，我最討厭保險，所以他昨天被我拒絕了。」「是嗎？不過，我應該比昨天那位同事英俊瀟灑吧？」「什麼，昨天那個業務員比你好看多了。」「哈哈……」

善於營造拜訪的氣氛，是優秀的推銷員必備的。只有在一個和平歡愉的氣氛中，客戶才會好好地聽你說保險。而這種氣氛的營造完全就靠推銷員高超的談話技術。

大多時候，我們給予的讚美，都是不痛不癢的，效果並不十分明顯，因為我們常常讚美一個人身上最容易捕捉到的亮點。對此他都已經習慣了，不會產生特別的感覺。而會說話的人則能獨具慧眼，發現對方身上不易被發現的亮點，並加以讚美，一定能收到奇效。比如，對於一位外貌非常漂亮的女士，我們要避免對她的容貌進行讚美，因為她對這一點已經有絕對的自信。但是，當我們轉而去稱讚她的智慧、愛心時，而她的智力恰巧是她較沒自信的地方時，那麼我們的稱讚，一定會令她芳心大悅。比如，你面對一個事業有成的男人，如果你讚美他有能力、有才幹、有魄力，他頂多也就禮貌的笑笑。因為他幾乎每天都聽到類似的讚美，聽多了也沒什麼新鮮的感覺了，所以任憑你再怎麼賣力的讚美，他也不會有很大的喜悅感。

但如果你發現他喜歡廚藝，沒事的時候也會下廚，若你對他說：「真看不出來，你廚藝這麼棒啊！」他一定會會喜上眉梢，認為你是一個很有眼光的人。或者你發現他喜歡集郵，你對他說：「你收集了這麼多郵票啊，一定花費了不少心血吧。」他也一定會興致勃勃的給你說說關於他集郵的事情。所以，讚美要因人而異，要撓到對方的癢處。

劉慧中是香港一家上市公司的業務部總監，公司的正常運轉和盈利狀況如何，業務部門的銷售業績是非常關鍵的一個基礎環節。

一次，業務部門接了新加坡一家公司的上億元大訂單，劉慧中心想如果這個訂單談成了，那麼這個月的銷售額就會超額完成任務。可是談判的過程非常艱難，對方的負責人楊總監提出很多要求，而且還百般刁難。這讓負責洽談的人感覺非常棘手，一時想不到更好的解決方法，就這樣陷入了僵局。劉慧中作為業務部的總監壓力頗大，決定自己親自出馬。三天後的一個晚上，劉慧中和公司總經理一同約請楊總監一行共赴一個晚宴。席間大家相談甚歡，彼此抱怨在商場打拚的不易，都沒有提到那個訂單的事情。

晚宴結束後，飯店經理拿了很大的簽名簿和毛筆進來，說請大家留言題字多給飯店提些寶貴的意見。楊總監大筆一揮，留下幾行瀟灑飄逸的書法，讓隨行的人不由得鼓起掌來。劉慧中緊接著說：「沒想到劉總監能寫出這麼漂亮的書法，真是讓人欽佩啊！不知道您是拜在哪個書法大師的門下學習的？」此時，楊總監雖然表面上不動聲色，但是內心裡已是甜滋滋的了。「哪有拜什麼書法大師啊，就是自己喜歡書法藝術罷了，工作之餘也就是喜歡寫幾個字，自愉自樂堅持了十多年了，劉小姐過獎了！」晚宴就在歡樂的氣氛中散場了。

第二天，劉慧中就接到楊總監的電話，很是客氣的告訴她這個訂單交給她做，其他的要

求就不提了。也許在其他人看來，對方負責人能寫一手好書法，沒什麼值得大加讚美的；但劉慧中卻能抓住對方的這個「亮點」，適時而有度的進行讚美，並向對方表示了誠摯的肯定與敬佩，從而滿足了對方的一點虛榮心，也使對方心裡異常的高興，訂單的談成自然是水到渠成的事了。

會說話的人知道，與其稱讚一個人最大的優點，不如發現對方最不顯眼，甚至連他自己都曾忽視的優點。因為他最大的優點已成為他生命中的一部分，在任何人看來都已是不足為奇的了。如果經常稱讚一個人這樣的優點，可能會讓這個人產生反感；而那些小小的優點，因為從未或很少有人發現，因此也就彌足珍貴。而你的發現與稱讚為對方增添了一分對自己的認識，也增加了一次重新評估自己價值的機會。同時，你不同凡響的觀察力還會獲得對方的器重。

交談之間要多多點頭

在生活中，無論是與朋友還是客戶交談，不妨多談談對方的得意之事，這樣容易贏得對方的認同。如果聊得恰到好處，他肯定會高興，並對你有好感。

美國著名的柯達公司創始人伊士曼，捐贈鉅款在羅徹斯特建造一座音樂堂、一座紀念館和一座戲院。為承包這批建築物內的座椅，許多製造商展開了激烈的競爭。但是，找伊士曼談生意的商人無不乘興而來，敗興而歸，一無所獲。正是在這樣的情況下，「優美家具公司」的經理亞當森，前來會見伊士曼，希望能夠得到這筆價值九萬美金的生意。

伊士曼的祕書在引見亞當森前，就對亞當森說：「我知道您急於得到這批訂貨，但我現在可以告訴您，如果您占用了伊士曼先生五分鐘以上的時間，您就完了。他是一個很嚴厲的大忙人，所以您進去後要長話短說。」亞當森微笑著點頭。亞當森被引進伊士曼的辦公室後，看見伊士曼正埋頭於桌上的一堆文件，於是靜靜地站在那裡仔細地打量起這間辦公室來。

過了一會兒，伊士曼抬起頭來，發現了亞當森，便問道：「先生有何見教？」祕書為亞當森作了簡單的介紹後，便退了出去。這時，亞當森沒有談生意，而是說：「伊士曼先生，在我等您的時候，我仔細地觀察了您這間辦公室。我本人長期從事室內的木工裝修，但從來沒見過裝修得這麼精緻的辦公室。」伊期曼回答說：「哎呀！您提醒了我差不多忘記了的事情。這間辦公室是我親自設計的，當初剛建好的時候，我非常喜歡。但是後來一忙，一連幾個星期我都沒有機會仔細欣賞一下這個房間。」

亞當森走到牆邊，用手在木板上一擦，說：「我想這是英國橡木，是不是？義大利的橡木質地不是這樣的。」「是的，」伊士曼高興的站起身來回答說，「那是從英國進口的橡木，是我的一位專門研究室內橡木的朋友專程去英國為我訂的貨。」伊士曼心情極好，便帶著亞當森仔細參觀起辦公室來了。他把辦公室內所有的裝飾一件件向亞當森作介紹，從木質談到比例，又從比例扯到顏色，從手藝談到價格，然後又詳細介紹了他設計的經過。此時，亞當森微笑著聆聽，饒有興致。他看到伊士曼談興正濃，便好奇的詢問起他的經歷。伊士曼便向他講述了自己苦難的青少年時代的生活，母子倆如何在貧困中掙扎的情景，自己發明柯達相機的經過，以及自己打算為社會所作的巨額捐贈……亞當森由衷的讚揚他的熱心公益。

本來祕書警告過亞當森，談話不要超過五分鐘。結果，亞當森和伊士曼談了一個小時又一個小時，一直談到中午。最後伊士曼對亞當森說：「上次我在日本買了幾張椅子，放在我家的走廊裡，由於日晒，都脫了漆。昨天我上街買了油漆，打算由我自己把它們重新油漆好。您有興趣看看我的油漆表演嗎？到我家裡和我一起吃午飯，再看看我的手藝吧。」午飯以後，伊士曼便動手，把椅子一一漆好，並深感自豪。直到亞當森告辭的時候，兩人都未談及生意。最後，亞當森不但得到了大批的訂單，而且和伊士曼結下了終身的友誼。

為什麼伊士曼把這筆大生意給了亞當森，而沒給別人？這與亞當森的口才很有關係。如果他一進辦公室就談生意，十之八九要被趕出來。亞當森成功的訣竅，就在於他瞭解談判對象。他從伊士曼的辦公室入手，巧妙的讚揚了伊士曼的成就，談得更多的是伊士曼的得意之事，這樣，就使伊士曼的自尊心得到了極大的滿足，把他視為知己。這筆生意當然非亞當森莫屬了。

給他人戴頂「高帽子」

清代袁枚奉皇帝旨意要到外地做地方官，臨行前他特地到自己的老師家裡辭行，看看老師對自己有沒有什麼要說的。老師告誡他說：「地方官不好當，到任之後，要小心行事千萬不可粗心大意。」袁枚畢恭畢敬地回答說：「請恩師放心，我準備了一百頂高帽，逢人便送他一頂，料想不會出什麼大的差錯。」老師聽後很不高興，訓斥道：「我們師徒都是正直厚道，光明磊落之人，哪能像市儈一樣玩弄權術，真是豈有此理。」袁枚見老師動了肝火，忙說：「恩師說得很有道理，學生一定銘記在心。但天下烏鴉一般黑，大家都愛戴高帽，像恩師這樣不喜歡戴高帽的人，天下能有幾個呢？」老師聽了非常高興，含笑點頭說：「當朝官風極為不正，你說得也不無道理呀。」袁枚聽罷便向老師辭行。出了老師家後，袁枚對自己的隨從說：「我準備的一百頂高帽，現在只剩下九十九頂了。」隨從們不明白他的意思，詢問是怎麼回事。袁枚說：「剛才已經送給我的老師一頂，難道你們沒看見嗎？」隨從們聽了恍然大悟。

人人都喜歡戴「高帽」，但是如果這頂帽子不合適，太大或太小，不僅不會收到預期的效果，還會讓人感覺不舒服，甚至產生厭惡的心理。如果有人對一位清潔工人這樣讚美：「你真是一位成功人士呀！你具備非凡的氣質，是一位非常偉大的人！」對方一定會認為這人是神經病，因為這些話好像跟他沒有任何關係。

聰明的人不僅有一雙巧手，還有一張巧嘴，會為別人量身定做一頂「高帽」，這樣別人才會戴著歡喜。

袁萍是一家汽車經銷商的經理。在她的公司裡，有一位員工的工作效率和業績每況愈下。然而，袁萍並沒有對他進行指責或者威脅，而是把他叫到辦公室，跟他進行了坦誠的交談。袁萍是這樣說的：「姜師傅，你是一位很棒的技師，在現在這條生產線上工作也有好幾年啦，你修出來的車子也都讓顧客很滿意。事實上，有很多人都讚揚你的功夫很好。只是最近，姜師傅，你完成一件工作所需的時間好像加長了，而且品質也比不上你以前的水準。你以前真是一位傑出的技師，我想，你一定也知道，我對現在這種情況不太滿意。也許，我們可以一起來想一個辦法，改正這個問題。你認為呢？」

姜師傅說：「我並沒有發現我沒有盡好自己的職責，非常感謝您的提點，我向您保證，我一定會勝任我接下來的所有工作的，我會想辦法加快速度，同時，提高品質。」那麼，姜師傅做了嗎？我們可以放一百個心，他非常盡力的去做了。

大家想想，袁萍讚揚他曾經是一位優秀的技師，他心裡也這麼認為，那麼，他肯定會在以前優秀的基礎力求更大的進步。其實，每個人的性格不同，心理不同，所需要讚美的地方也是不同的。會說話的人不會給兩個人同樣的讚美，而會為對方量身定做一個最合適的「高帽」。

一天，化妝品推銷高手林玫去服裝店找一個賣衣服的朋友，正巧有兩個女孩在那裡挑選衣服。一個燙著金色捲髮，一個披著黑色直髮。金髮女孩試穿了幾件衣服，最後選中了一件，黑髮女孩說：「這件款式有點土氣，我覺得剛才妳放下的那件衣服的扣子就挺漂亮的。」金髮女孩聽了有點生氣：「那是什麼破衣服，扣子難看死了。」

這時，林玫走了過去，面帶笑容對金髮女孩說：「這件衣服的領子很漂亮，襯得你的頸部線條很美很有氣質，要是再配上一條項鍊，那就簡直完美極了。」金髮女孩很高興，因為她也是這麼想的，黑髮女孩則在旁邊選衣服沒有出聲。林玫又拿了一件衣服，對黑髮女孩說：「其實妳可以試一下這件，它特別能襯托出你苗條的身材。」黑髮女孩也高興起來了。「當

然，要是你們臉上再用化妝品稍為打扮一下，氣色會更好更漂亮的。」於是三人就開始聊起了美容化妝的話題，這是林玫最擅長和最希望的。當然，後來兩人都成了她的忠實顧客。

買衣服的時候，如果別人說：「哎呀，你穿著可真合適，像專門為你量身定做的一樣。」那我們的心裡是高興的，也多半會欣然買下來。量身定做說明是合身的、合適的，最重要是具有唯一性，專門為你定做的，這就顯示出了對你的重要性。讚美的時候，如果你對不同的人都用同樣的語言去讚美，那麼效果一定好不到哪裡去。而若是能為別人量身定做一頂「高帽」，效果自然不用說。

袁世凱獲得中華民國臨時大總統權力後，每天做著皇帝夢。一天，袁世凱正在午睡，一位侍婢按時端來參湯，準備供袁世凱醒後進補。誰知這位侍婢進門時不慎，將手中珍貴的羊脂玉碗打碎在地。玉碗的破碎聲驚醒了袁世凱，他一見自己心愛的羊脂玉碗被摔得粉碎，氣得臉色發紫，大聲吼道：「今天非要你的賤命不可！」在這生死存亡的時刻，婢女連忙跪著哭訴：「這不是小人之過，婢女有下情不敢上達。」

袁世凱大罵道：「快說快說，看你死到臨頭，還編什麼鬼話。」侍婢哭著回答：「小人端參湯進來，看見床上躺的不是大總統。」「混帳東西，」袁世凱更加怒不可遏，「床上不是我，能是誰？」「小人不敢說，嚇人哪！」婢女哭聲更大了。袁世凱氣得陡然站起，咬牙切

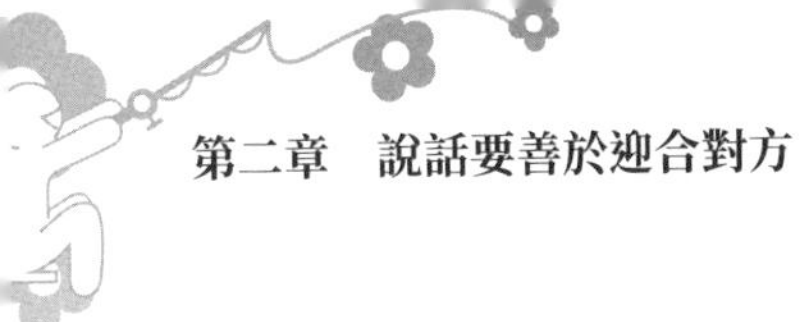

齒的說：「你再不說我就殺了你！」「我說，我說。床上，床上……床上躺著一條五爪大金龍！婢女一見，嚇得跌倒在地……」袁世凱一聽，心中不由一陣狂喜了，以為自己是真龍轉世，真是要登上夢寐以求的皇帝寶座了。袁世凱怒氣全消，情不自禁的拿出厚厚的一疊鈔票給婢女壓驚。

婢女終日侍奉袁世凱，對他夢想當皇帝的心理當然體察入微。當玉碗被打碎、生死攸關之際，婢女情急生智，順口編出「五爪金龍驚落玉碗」的故事。這故事正好「印證」了袁世凱的美夢——真龍轉世，滿足了他的心理願望，使袁世凱化盛怒為狂喜。婢女不但揀回了小命，還得到了「皇恩」。

第三章　用讚美來打開他人的心門

擁有讚美他人的能力和願望對於增強與別人相處的親和力來說是至關重要的。想要更有效的讚美別人，使別人喜歡自己，很重要的第一步就是懂得為什麼讚美能幫你建立更好的人際關係。如果能學會有效讚美他人，那將會大大提高自己結交朋友、增加友誼的機會，並且可以增加你的親和力。

沒有人不喜歡讚美的話

如果你想瞬間打動別人，那就要把話說到他們的心裡去，而最有效的方法是讚美。無論是牙牙學語的孩子，還是白髮蒼蒼的老人，都會希望獲得來自社會或他人的讚美，從而讓自己的自尊心和榮譽感獲得滿足。

某研究所的高級工程師宋義，今年三十多歲了，和妻子兩地分居十多年了，錢花了很多，禮也送了不少，不知什麼原因，妻子無法調職到他身邊來，這件事搞得宋義精疲力盡，但也無可奈何。這不，在他妻子調職過程中起關鍵作用的某局長又調任了，新上任的是從外地來的朱局長，他聽說這位朱局長善解人意，很能體恤下屬，他先瞭解了幾個受朱局長幫助的例子，然後登門拜訪。他一開始沒談自己此行的目的，先是對朱局長進行恭維：「你的績效突出，是真正為下屬著想的好長官。」朱局長也很謙虛：「哪裡，哪裡，的確他們是有困難，有的夫妻已經分居好幾年了，就是調不到一起，我只是做了點應做的事情。」既然局長提了他的善舉，宋義就趁機提出了自己的要求，「有點小事，需要麻煩您，我和妻子已兩地分居十多年了，一直沒有解決，本來不打算再找人幫忙，可聽大家說您能急下屬之所需，心中仰慕，所以就找您來了。」接著宋工程師介紹了一下自己的情況，朱局長讓他回去靜候佳音。果然沒過幾天，一紙調令到手，宋義全家團聚。

有位企業家說過：「人都是活在掌聲中的，當部屬被上司肯定，他才會更加賣力工作。」法國的拿破崙就非常知道讚美的力量，而且他也具有高超的統帥和領導藝術。他主張，對士兵要「不用皮鞭而用榮譽來進行管理」。他認為：一個在同伴面前受到體罰的人，是不可能願意為你效命疆場的。為了激發和培養士兵的榮譽感，拿破崙對每一位立過功的士兵都加官晉

爵，而且還會在全軍中廣泛的宣傳。透過這些讚美和來自官方認證的讚美，去打動士兵。

韓小姐是一大型企業的總裁祕書，她說：「有三個客人都和我說要見我的上司，但前兩個沒有見著，因為他們不會說話，只有最後一位用恰當的讚美之辭為自己贏得了商機。第一個客人說：『韓小姐，你的名字挺好的。』我心裡特別想聽聽我的名字好在哪裡，結果，那位客人不再說了，就是巴結我也不夠真誠，令人失望。第二個客人說：『韓小姐，你的衣服挺漂亮的。』我立刻想知道自己的衣服哪裡漂亮，結果也沒有了下文，話還是沒有說到位。第三個客人說：『韓小姐，你挺有個性的。』我一樣想知道自己的個性哪裡特別了。他接著說：『你看，一般人手錶戴在左手腕，而你的手錶戴在右手腕上……』我一聽，還真覺得是自己有點與眾不同，挺高興的，就讓他見了我們總經理，結果簽了一個五十萬元的訂單。五十萬元對我們集團來說是雖一個不起眼的小單子，可對他來說卻是一筆大生意。」

讚美和鼓勵是推動一個人進步的重要力量，也是一個人內心深處的人性需求。在這個世界上，人人需要讚美，人人喜歡讚美。正如西方一句諺語所說的：「讚美好比空氣，人人不能缺少。」每個人都有被重視、被讚美的欲望，掌握了一定的讚美技巧，不但能在工作中幫你談成一筆大單子，還能改善你的人際關係，即使在生活中也讓你受益匪淺。

金文認識許多學術界的泰斗，並常常得到他們的指點。問及他們之間的相識過程，也是緣於讚美運用的得法。因為有很多人也曾拜訪過這些大師，但往往談不到幾句便無話可說，很快被「趕」了出來，而他竟能成為大師們的座上客，其中的奧祕自不待言。作為準備在學術領域有所建樹的金文，自然也很仰慕這些大師，他得知拜訪這些人不易，在每次拜訪一位初次見面的專家時，他會先將這個人的專著或特長仔細研究一番，並寫下自己的心得。見面之後，先讚揚其專著和其學術成果，並提出自己的想法。由於他談的正是大師畢生致力於其中的領域，自然也就激起大師的興趣，雙方自然就有了共同話題，談話之中，金文又提出自己不理解的地方，請求大師指點，在興奮之際，大師自然不吝賜教，於是金文既達到了結交的目的，又增長許多見識，並解決了心中存在的疑惑，可謂一舉多得。

人們大都愛聽好話，沒有人打心裡喜歡別人指責自己。即使再要好的朋友，你批評他幾句，對方的面子也有掛不住的時候。如果你當眾批評他，那結果會更糟，可能連朋友也做不成了。而對於讚美之辭，一般情況下，人們都會照單全收。即使讚美得有些過頭，對方往往也會來者不拒。

印刷廠的員工何志文離職了，他參加的面試不少，但因他文化水準有限，未能成功。這天他又看到一個企業招聘工人，他決心去試一下。何志文從側面瞭解到，這家企業的總裁最初也當過印刷工人，他是憑藉手中的幾萬元起家的。會面時何志文直接說道：「總裁您好！

我原是一名印刷廠工人。我知道您以前也是一名印刷工人，我很崇拜您很希望能做的像您一樣好，但沒有機會，不知您能否給我一個機會？」這位總裁欣然聘用了何志文。

讚美他人，是一件使人與人之間感情融洽的、於人於己有益無害的事情。真誠恰當的讚美他人，好似增強人與人之間友誼的潤滑劑，使自己容易被人接受。

劉平是某油漆公司的推銷員，這個公司剛剛開發出一種新型油漆，雖然廣告費用不少，但收效甚微。這種新油漆色澤柔和，不易剝落，防水性能好，不褪色等等，具有很多優點。劉平決定以市內最大的家具公司做為突破口來打開銷路。這天，他直接來到這家家具公司，找到他們的總經理：「聽說貴公司的家具品質相當好，特地來拜訪一下。久仰您的大名，您是本市十大傑出企業家之一，請問您是怎麼已這麼短的時間就取得了這麼輝煌的成就，我覺得您的才幹真是了不起。」於是總經理就向他介紹該公司的產品、特點，並在交談中談到他從一個販賣家具的小販，走向生產家具的大公司的歷程，還帶劉平參觀了他的工廠。在上漆產線裡，總經理指著幾件家具，向劉平炫耀這是他親自上的漆，劉平有意的順手將喝的飲料灑了一點在家具上，又用螺絲刀輕輕敲打，總經理很快就想制止他的行為，但還沒等總經理開口，劉平發話了：「這些家具造型、樣式是一流的，但這漆的防水性不是很好，色澤不柔和，並且易剝落，影響了家具的品質，不知我說的對不對？」總經理連連點頭稱是，並聽說劉平所在的公司推出了新型油漆，但因為不瞭解，沒有訂購。這時劉平從包裡掏出一個方形的瓶子裡面泡著一塊六面都刷了漆的木板，另外還有幾塊上著各種顏色的漆的木板。劉平說道：「泡在水中的木板，已浸了一個小時，木板沒有膨脹，說明漆的防水性很好，用工具敲打，漆不脫落，放到火裡烤，漆也不褪色，這就是敝公司的新產品。」於是這家公司很快就成了劉平公司的大客戶，雙方都從中受益。

在這則事例中，劉平並沒有一開始就直接誇讚自己公司的油漆有多好，而是從讚美這家公司的產品入手，又讚嘆了總經理的奮鬥歷程。受到讚美的總經理非常高興，便帶領客人去參觀其產品，劉平在其心情愉快之後，在工廠內，點出了該家具公司的產品的油漆性能差，直接影響到了家具的品質，並在此刻展示了自己公司最上乘的產品。相比之下，凸顯了自己公司的新型油漆的性能。於是，總經理很自然的接納了其建議，劉平也爭取到了這家客戶，達到了推銷產品的目的。

如果我們與人交往時易被人接受，易使人親近，這無疑會給我們增添許多信心，使我們更大膽的說話，更有勇氣參加社交活動。所以，從某種意義上說，能夠藝術、中肯的讚美他人，也會增添我們說話的信心和魅力。

讚美身處逆境的人

俗話說：「患難見真情。」最需要讚美的不是那些早已功成名就的人，而是那些因被埋沒而產生自卑感或身處逆境的人。他們平時很難得聽到一聲讚美的話語，一旦被人當眾真誠的讚美，便有可能振作精神，大展宏圖。因此，最有效的讚美不是「錦上添花」，而是「雪中送炭」。

西元一九八九年，年輕的女留學生顧定珍初到日本，人地生疏，語言不通，生活壓力很大，人生陷入低谷。赴日不滿三個月的某一天，顧定珍在烤肉店打工，接待了正在泰國與日本間做電信生意的他信來到店裡吃飯。當時，顧定珍學著用一些簡單的日語為他信等一行客人說明烤肉的方法。他信聽後，和藹的說：「我聽得懂中文，你用母語說吧。」然後，他信鼓勵她說：「在日留學生活很辛苦吧，請堅持下去。」他信的同行者是留日的泰國朋友，他可能對留學生的艱苦境遇有所體察。因為當時日本的物價非常非常高，每天不打工十小時以上幾乎難以維持生活和學業。飯後，他信在飯店的走廊裡，往顧定珍的口袋裡塞了一些小費，並用手指做出「不要聲張」的姿勢。

晚上，顧定珍被店長欺負，並無辜被開除，傷心地離開了打工的飯店。她回到家裡，發現口袋裡有三萬日元小費，大吃一驚。當年，顧定珍辭去了教師的工作，與很多同輩人一樣，帶著憧憬和希望到日本圓夢。但是，赴日三個月內，她遭遇了語言障礙、各種騷擾，生活的壓力幾乎讓人失去了自信和夢想。在這種時候，他信無意中給出的三萬日元，不僅是物質支援，更是精神支持。這讓顧定珍相信，任何社會都有欺負人的人，也有幫助人的人。有了這三萬日元，暫時可以渡過難關，明天再去找新的工作。顧定珍暗暗發誓：自己一定要聽從那位客人的囑咐，在日本堅持下去。

二〇一一年五月末，早已成為銀座「絲路畫廊」主人的顧定珍參加日本原駐泰國大使小林秀明先生的演講會，看到了他信的照片。平時很少關心政治的顧定珍首次看到他信的照片，覺得他信與二十二年前的那位恩人很像。顧定珍透過向小林原大使打聽，並透過其他管道確認了他信就是當年那個人。三天後，顧定珍向他信發送了感謝信，並得知在他信八月訪日期間可以直接與他重逢會面。

富蘭克林曾說過：「不要說別人不好，而要說別人的好話。大多數情況下，不失時機的誇讚競爭對手可以令人們取得意想不到的效果。」孫子兵法云：「知彼知己，百戰不殆」。瞭解別人已成為每個想瞬間打動別人的人都應該極其重視的一件事。

同一個寢室的張嵐和王潔向來不和。有一天，張嵐氣沖沖的對另一個同學李麗說：「你

去告訴王潔，我真的受不了她，請她改改她的壞脾氣，再這樣下去誰還想理她？」

李麗說：「好！我勸勸她。」

沒幾天，張嵐遇到王潔時，王潔就像換了一個人似的，既和氣又有禮貌，還時不時的幫張嵐的忙。

張嵐向李麗表示感謝的同時，好奇地問：「真是神奇，你怎麼說的讓她改變得這麼多？」

李麗笑著說：「其實也沒什麼，我跟王潔說『你的人緣真好，有好多人誇獎你，尤其是張嵐，說你不僅長得漂亮，人品也好，又溫柔又善良，脾氣隨和』，如此而已。」

沒有人自願踏進逆境的大門，因為逆境使人痛苦、挫折、磨難、坎坷與艱險。凡是陷入逆境中的人總想早一天掙脫出來。這個時候，如果你能給予一句讚美，就能立刻打動他。

在溝通過程中，任何人都喜歡被人讚美、奉承。在第一次世界大戰結束時，德意志帝國慘敗，皇帝威廉二世頓時成了全世界最討厭的人，連自己的國民也都與他為敵。正當他準備亡命荷蘭時，卻意外收到了一位少年的來信，信中充滿了稚嫩的讚美詞：「不管別人怎樣想您，我永遠都愛您！」威廉二世看了這封信，異常感動，立即回信給這位少年，希望能與他見面。少年的母親帶著他會見了威廉二世，最後還意外促成了皇帝與少年母親之間的一段美好姻緣。

讚美也有它非凡的功效：讓身處逆境中的人奮起，讓身處順境中的人借讚美之力更上一層樓。對於任何一個人最值得讚揚的優點，不應該是他身上早已眾所周知的明顯長處，而應該是那些蘊藏在他身上、尚未引起重視的優點。也就是這種讚美，為進一步開發他潛在的智慧與力量開闢了一個新領域，有助於他能更有自信、更順利、更快的成功。可是最重要的是，在你讚美別人的時候，請一定要發自內心地讚美別人。

同科系的趙貴和張華亭畢業後到甲、乙兩公司，兩人的專業水準及各方面的才能不相上下，而趙貴的主管劉先生脾氣不太好，職員稍有差錯，輕則責罵：「你怎麼這麼笨，連這種事都做不好。」重則以解僱威脅，他常說：「下次再犯這樣的錯誤，我就解僱了你。」而對職工的優點卻視而不見。有一次，客戶送來一塊樣布，要求染出同一個顏色的織線來。趙貴拿到樣布，很快看出這種顏色需要用五種顏色調製出來，於是他立即開出配方，打出小樣，小樣的顏色與樣布看上去完全一樣。於是工廠內開始按這個配方進行生產。但趙貴忘記了告訴同事染色時，壓力一定要控制在兩個大氣壓上。結果同事為了省時間，壓力升到一點五個大氣壓就關機了，導致染出的線顏色較樣布略淺。不過，客戶對此倒沒有過分的挑剔，因為他們對趙貴配樣的技術熟練程度非常滿意。但劉經理為此卻大動肝火，他當著許多人的面大聲呵斥趙貴：「你為什麼就不能多在小事上注意一些呢？幸虧客戶沒有退貨，否則我就要解

倆你。」趙貴自己也懊惱不已。從此以後，他經常為自己常犯這樣那樣的小毛病而自責，甚至有些自暴自棄。

儘管張華亭也常犯些錯誤，但其老闆卻從未嚴厲責罵過他，而是經常讚美他能幹、肯吃苦。張華亭為報答主管的知遇之恩，更加賣力的推銷產品，他一天就可以跑上五六家公司拜訪。最後，倉庫內積壓了一年的產品被他很快的推銷出去。

最有效的讚揚方法是「雪中送炭」，而不是「錦上添花」。最需要讚揚的不是早已名揚天下的人，而是那些自卑感很強、被錯當成「醜小鴨」的「白天鵝」。他們平時很難得聽到一聲讚揚，如果被人當眾真誠的讚美了，尊嚴就可能復甦，自尊心、自信心也一定會倍增，整個人的心態也會煥然一新。

誇人要誇到點上

讚美人的時候有一點很重要，那就是在說讚美的話的時候一定說到點上。

《黑人文摘》雜誌的老闆的約翰·強森，就一直秉持著這樣的業務觀念。有一次，強森計劃讓森尼斯無線電公司成為自己的廣告客戶。於是，他給該公司的總裁麥克唐納寫了一封信，希望和他面談。麥克唐納很快就回信說：「來信已收到。不過我不能見你，因為我不管理廣告。」強森的請求被拒絕了。但他當然不會放棄，他想：「他是公司的總裁，不管廣告，會管什麼呢？」經過一番調查，強森瞭解到，麥克唐納主管著該公司大的政策，其中包括廣告政策。於是，強森又給麥克唐納寫了一封信，問是否能去拜訪拜訪他，跟他聊聊他的公司在黑人社會中進行廣告宣傳的政策。

麥克唐納的回信還是很快：「你是一個堅持不懈的年輕人，我決定見你。但我事先聲明，如果你一談到在你的雜誌上登廣告的事情，我就會立即結束談話。」

不能談廣告，那麼談點什麼呢？強森決定更深入和全面的認識一下麥克唐納。他翻閱了所有能找得到的有關麥克唐納的資料。在《美國名人錄》中，強森發現麥克唐納是一個探險愛好者，還曾到過北極點，時間是在漢森到達北極點之後不久。

瞭解到這一點後，強森感到胸有成竹了。強森先讓自己的手下找到漢森，請他在其出版的一本探險書上簽名，以便送給麥克唐納。接著，強森換掉了他旗下一本將要出版的雜誌中的一篇文章，換上了一篇介紹漢森的文章。見面的時間到了。強森終於走進了麥克唐納的辦公室，彼此打完招呼後，沒想到麥克唐納的第一句話竟然就是：「你看見那一雙雪地靴沒有？那是漢森送給我的！他有一本很棒的書，不知你看過沒有？」強森說：「看過。我這裡

還有一本。漢森還專門為您簽了名。」說著，強森把書遞給麥克唐納。

麥克唐納感到非常高興，一邊翻著書一邊說：「像漢森這麼優秀的黑人，你們雜誌應該介紹一下。」「您的意見非常正確。」強森說著，就把登載著漢森介紹文章的新雜誌遞給了麥克唐納。

麥克唐納看見了介紹漢森的那篇文章後，心情顯得更加愉快。他還對強森的雜誌的風格表示了讚許。強森告訴他，自己創辦這份雜誌的目的，就是要介紹像漢森這樣克服一切障礙與困難、努力贏得成功的人。聽到這些，麥克唐納抬起頭來，慢慢說道：「你知道嗎，我現在看不出有任何理由不讓我們公司在你的這份雜誌上刊登廣告。」

讚美是一門藝術、一種智慧，也是一種溝通的祕訣。為什麼強森能夠拿下麥克唐納這個大客戶的廣告訂單？因為他對麥克唐納使用了讚美！無數成功的銷售實踐證明：擁護客戶的價值觀，用巧妙的辦法證明你和他有一樣的價值觀，是獲得訂單的一大訣竅。

一位基層科長工作很勤勞，也很愛操心嘮叨，有一天終於因為體力不支而入院。上司很快的來探病且說了以下的話：「這真是個大好機會啊！你可以好好靜養一下，公司裡的事情就不必擔憂了，沒有你在，公司照常能夠營業，所以你不必掛心。」由於上司一番不考慮他人自尊的粗心話，使科長心裡聽著很不舒服，身體就更虛弱了。因為他心裡想公司之所以有今天，完全是因為自己的努力啊！

第三天，那位科長的部下來了，他說著和上司完全相反的話：「科長你一不在，整個公司就亂無頭緒，這是因為缺少一位果斷、能幹的人才呀！希望科長早日康復，回到公司上班。」科長聽了部下的這席話，在內心大喊說：「真是知我心的部下啊！」。

人具有希望被承認、被認同的心理。抓住了人的這個特點，就能更好、更快地達到說服別人的目的。

在柯立芝總統執政的時候，他的一位朋友應邀到白宮做客。當他走到總統私人辦公室門前的時候，他聽到總統對他的女祕書說：「你今天穿的衣服真好看，令你看起來既年輕又漂亮。」這恐怕是一向不愛說話的柯立芝總統一生中賞賜給祕書的最動人的稱讚了。這個稱讚，使女祕書感到非常意外而有點不知所措。，她的臉因此紅了起來，柯立芝總統於是又說：「不用難為情，我這樣說只是讓你高興一些。從現在開始，我必須提醒你也要注意一下自身的缺點。」雖然柯立芝總統的做法過於直率了，但他對人的心理把握得較好。當我們聽到他人對自己的優點加以稱讚後，再去說一些不愉快的話給你聽時，自然會感覺舒服一些。而柯立芝總統如果直接說出女祕書的缺點，並且讓她改正，恐怕就不會那麼容易而愉快的被他的祕書接受了。

每個人都喜歡被讚美，這和美容師在給人刮鬍前，先給人塗上一層肥皂一樣。這樣在跟他說話的時候至少那個人心裡為有一種自己是很值得人尊敬的人的感覺，然後他就比較不會跟你計較什麼的。

每個人都想聽到別人讚美自己的話。據說三國時期的關羽為人正直，最受不了別人奉承他，他也最討厭奉承之人。當關羽得知有個人特會說讚美的話、憑著三寸不爛之舌吃香喝辣的之後，他就怒氣沖沖扛著大刀去找那個人，找到那個人之後，滿臉殺氣的說：「聽說你特別會奉承，今天你就奉承奉承我吧！」那個人滿臉堆笑說：「小民會奉承人不假，可我奉承的盡是些小人。關爺為人正直，天下揚名，有誰不知道您老人家最不愛聽讚美的話，最討厭逢迎拍馬屁的小人，我怎麼敢奉承您呢？」關羽道：「量你也不敢，我今天要宰了你這個巧嘴的小人！」那人一聽關羽要殺他，「撲通」一聲跪倒在地說：「小民謝恩！」關羽聽他說要謝恩，頓時感到疑惑，掄起的大刀又放下了，就問他：「你謝的啥恩？」那人說：「關爺過五關斬六將，殺的都是天下赫赫有名的將軍。小民這種比狗糞還不如的人，能挨上您老一刀，燒高香也求之不得呀！關爺不怕髒了您的寶刀，就快快成全小民吧！」關羽聽了這個人的話之後，便沒再說話，「哼」了一聲，扭頭就走了。那個人慢慢站起身來，指著關羽的背影說：「原來他也愛聽讚美的話！」

誇人，很簡單，但要誇到點子上需要技巧。

間接讚美效果佳

真誠坦白的直接讚美別人，固然能取得效果，但如果用詞不當，就可能使讚美之詞淪為阿諛奉承，給對方留下不好的印象，讓人覺得你的讚美之詞太肉麻。如果你擔心出現這樣的結果的話，那麼最好採取間接的讚美方式，著重於表達自己對某一類人或物的讚美，同樣會收到不錯的效果。這樣無論使用怎樣的溢美之詞，都不會顯得過於肉麻，而對方又能同樣領會到你的讚賞之情。

一位銷售員拜訪一位客戶的家，看見開門的是一位十分年輕的婦女時，便故意裝出一副驚慌失措的樣子，小心翼翼的說：「真對不起，小姐，我是個銷售兒童遊戲書的銷售員，我本來是想找一家有小孩的，沒想到打攪您了。」

那少婦有些火了：「我就有孩子。」這位銷售員又趕緊裝出一副很驚訝的樣子，看了她半天，才用驚奇的語調說：「啊，啊，請原諒，沒想到您已經有了孩子，您是這麼年輕、漂亮……真不敢相信。」正如他所預料的那樣，那位少婦的臉上有了笑容。

讚美必須符合事實，如果你對一名長相很普通，甚至可以說還有點難看的人，卻誇她有一張漂亮的臉蛋，這樣的讚美是收不到任何好的效果的。最好的辦法是選中別人最心愛的東西、最引以為豪的東西進行稱讚，這樣的稱讚無論怎樣過分，別人都不至於氣惱。讚美是一件好事，但絕不是一件易事。

某著名化妝品公司銷售代表小李，深諳讚美之道。但是，在他剛剛步入銷售人員的行列時，也曾因讚美不得法而得罪了客戶。

那天，他拜訪一位魏小姐，恰巧魏小姐的一位閨密也在，為了爭取到更多的客戶，給剛剛認識的女士們留下一個好的印象，他決定依靠讚美這一戰術來達到打動她們的目的。

出於這樣的心理，於是他對魏小姐說：「您的朋友很漂亮。」魏小姐的朋友聽了很高興，走過來跟小李握手，又對他的化妝品問這問那，顯得很熱情。

小李很得意，認為自己的讚美話術奏效了。事實上也的確如此。但就在此時，小李轉過頭發現魏小姐一語不發，好像很不高興的樣子，對自己也不再熱情。小李心裡便明白了是自己對其他人表示讚賞之意而將主人魏小姐忽略了，這犯了銷售的大忌。小李心裡一急，又加了一句話：「就是皮膚黑了點。」

這時，槓桿平衡了。但是，結果並不是兩個人都對他熱情有加，而是都對他冷眼相看，認為這個人怎麼這麼不會說話。就這樣，小李不但失去了兩個潛在的客戶，而且令自己顏面盡失。

讚美是一門藝術，技巧性很強。就像畫畫一樣，任何人都能胡亂塗鴉幾筆，但要畫一幅完整的作品，就沒那麼容易了。

《紅樓夢》中有這樣一段描寫：史湘雲、薛寶釵一起勸寶玉好好學習，以後好做官，寶玉對此大為反感，對著史湘雲讚美黛玉說：「林姑娘從來就沒有說過這樣的話！要是她也說這種話，我早就和她生分了。」恰巧黛玉此時走到窗下，聽到了寶玉對自己的讚美，不覺又驚又喜，又悲又嘆。之後寶玉和黛玉二人互訴衷腸，感情倍增。在黛玉看來，寶玉是在背後讚美自己的，而且不知道自己會聽到，這種讚美就不是刻意的。如果寶玉當著黛玉的面說這樣的好話，生性多疑的黛玉可能會認為寶玉是在討好她或打趣她。

所以說，想要打動別人時，在背後說人好話要比當面恭維效果明顯好得多。你完全不用擔心你所讚美的人會聽不到你的讚美，相反的，會很容易就能傳到他的耳朵裡，他也會因此對你另眼相待。

梅保林是電腦公司的銷售員，他得知國稅局將於今年年中採購一大批電腦，正直的宋局長是這個採購專案的負責人，但這位宋局長有一個習慣，就是與人打交道總是一板一眼，很

嚴格的一個人。為了避免第一次見面時出現僵局，梅保林早在幾天前就想好了怎麼樣把話說到宋局長的心裡去。

「宋局長，你好，您是電腦公司的小梅。」

「您好。」

「宋局長，我這是第一次走進國稅局，進入大廳的時候感覺很自豪。」

「很自豪，為什麼？」

「因為我們每年都得繳個人所得稅，這幾年加在一起也很多了。所以我今天一走進國稅局大廳就有一種不同的感覺。」

「如果每個人都像你這樣自覺納稅，我們的稅收工作就好做多了。」

「對呀，國家的教育、基礎建設、國防建設都得需要花錢，如果我們都不積極繳納稅務，國家的這些建設怎麼能實施得了？我這次來是想瞭解一下稅務申報系統方面的情況，而且我也知道您正在負責一個採購大批電腦的專案，我尤其想瞭解一下這方面的情況。我們公司是全球主要的個人電腦供應商之一，公司的經營模式能夠為客戶帶來全新的體驗，我們希望能成為貴局的長期合作夥伴。首先，我能否瞭解一下您的需求？」

「好的。」

讚美是人們交往的潤滑劑，據專家研究，一個人如果間接被他人讚美，其心情會變得愉悅，判斷力也會有所動搖。

卡內基在《人性的弱點》一書裡便講述過這樣一件事：卡內基去郵局寄信。在他等待的時候，他發現這家郵局的辦事員態度很不耐煩，服務品質非常差勁，因此他便準備用讚揚的方法使這位辦事員改變服務態度。當輪到辦事員為他稱信件重量時，卡內基對他稱讚道：「真希望我也有像你這樣的頭髮。」聽了卡內基的讚揚，辦事員臉上露出了微笑，接著便熱情周到的為卡內基服務。從此以後，卡內基每次光臨這家郵局，這位辦事員都笑臉相迎。

每個人都有一種希望別人注意其不同凡響的心理。因此，如果你在讚揚別人時，如果能順應這種心理，去觀察發現他異於別人的不同之點，以此來讚揚，一定會取得出乎意料的效果。

讚美要真誠

雖然人人都喜歡聽讚美的話，但並非任何的讚美都能使對方高興。能引起對方好感的只能是那些基於事實、發自內心的讚美。真誠的讚美不但會使被讚美者產生心理上的愉悅，還

可以使你經常發現別人的優點，從而使自己對人生持有樂觀、欣賞的態度。

麥克馬洪是一位設計師。一次，他受聘到一位鼎鼎有名的大律師家裡設計庭園。這位律師雖然公事很忙，但偶爾還是會抽空來看一下工作情形。

有一次，這位大律師告訴麥克馬洪該在哪裡種石榴和菊花時，麥克馬洪便隨口說道：「大律師，聽說你養了許多血統高貴的名犬，還在世界賽狗大會上囊括了不少獎品。」

沒有想到這小小的讚美，竟產生了無比的威力。大律師聽後，高興的說：「是啊！養狗這件事是我最大的興趣。我現在帶你去參觀一下我養狗的地方，你願意去嗎？」

「當然，我感到非常榮幸！」

麥克馬洪跟著律師去看狗，只見每一隻狗都非常精神、健康、可愛。當他們看完狗回到庭園時，律師還意猶未盡，進屋取出獎品和狗的血統證明書給麥克馬洪看，並告訴他如何判別狗的血統的貴賤的知識。

最後，大律師問麥克馬洪：「你家有小男孩嗎？」

「有。」麥克馬洪說。

「他喜歡狗嗎？」大律師又繼續問道。

「是的，我家那幾個男孩都超級喜歡狗。」麥克馬洪回答說。

「那麼，我送你一隻狗怎樣？」麥克馬洪高興得連連稱謝。

接著律師又告訴麥克馬洪許多養狗的方法和注意事項，話還未說完，他就停下來，自言自語的說：「這麼說你一定會忘記，還是寫在紙上好。」說著，他逕自走進屋裡去了。

十分鐘後，他一手抱著一隻一價值兩百美金的小狗，另一隻手拿著血統證書和一張打滿了字的注意事項，朝麥克馬洪走來，麥克馬洪真不知道該如何謝他才好。一句稱讚的話，不但使大律師拿出一個半小時和麥克馬洪聊天，又送他昂貴的禮物，更贏得了律師珍貴的友誼。

在日常生活中，人們有非常顯著成績的時候並不多見。因此，交往中應從具體的事件入手，善於發現別人的哪怕是最微小的長處，並不失時機的予以讚美。讚美用語越詳實具體，說明你對對方越瞭解，對他的長處和成績越看重。越會讓對方感到你的真摯、親切和可信，你們之間的人際距離就會越來越近。如果你只是含糊其辭的讚美對方，說一些「你工作得非常出色」或者「你是一位卓越的主管」等空泛的話語，不但會引起對方的猜疑警戒，甚至產生不必要的誤解和信任危機。

劉邦曾經和韓信商討將領們的本事高低，認為他們各有自己的長處。

「像我，你說能率多少兵？」劉邦問韓信。

「陛下只能率十萬。」韓信答道。

「那麼您呢？」劉邦又問。

「我是多多益善呀。」韓信回答說。

「你率兵多多益善，怎麼反被我捉住了呢？」劉邦笑著問。

「雖然陛下不擅長率兵，但卻擅長率將，這是我被陛下捉住的原因。何況陛下您順應天意，不是人所能及的。」韓信說。

讚美不是不負責任的恭維，也不是虛偽的逢迎，而是懷著一顆真誠的心去肯定和鼓勵他人，激發大家的向上之志。

西漢時，渤海太守龔遂在任上的政績非常突出，深受當地百姓愛戴，不知不覺就傳到了漢宣帝的耳中，這一天漢宣帝心血來潮，下了一道聖旨召龔遂進京面聖。龔遂叩拜皇帝之後，宣帝當著滿朝文武大臣的面問龔遂渤海郡是如何治理的（在這種情況下，很多人也許都會認為機會來了，忙不迭的大肆渲染自己的手段）。龔遂從容答道：「啟稟皇上，微臣才疏學淺，沒有什麼特別的才能，渤海郡之所以能治理得好，全都是因為皇恩浩蕩，都是託陛下您的洪福啊！」宣帝聽了龔遂的讚頌，頗為受用，覺得他不居功自傲，是可塑之材，於是，當下給龔遂加官晉爵。

龔遂官場的成功，在於他運用了人際關係中「讚美別人要真誠」的技巧，沒有把取得的成績說成是自己的功勞，而歸功於「皇恩浩蕩」，皇帝在得到讚美的同時，必然會盡可能的去發現去挖掘襲遂的諸般好處，因為人與人之間的作用力是相互的。

「小松，過來幫我捶一下腿。」爸爸懶洋洋地吩咐正在看電視的小松。小松已經是大孩子了，不再像小時候那樣，只要父母一吩咐，就會聽話的為父母跑前跑後，那時他會覺得幫父母做事很有成就感。而現在，小松已經沒有了這種感覺。

爸爸抬起頭，發現小松一動不動。「小松是個孝順孩子，是個懂事的孩子，也是我喜歡的男子漢……」爸爸的嘴上像是抹了蜜。沒等爸爸說完，小松就說：「爸爸，你是把你的甜言蜜語當錢花，在買我的服務吧？」「你怎麼能這麼說話呢？我是真心誇你啊，你真的是個懂事的、孝順的，也是讓我們喜歡的孩子啊。」爸爸急忙說。

小松沒有理會爸爸。「小松捶腿可舒服了，我現在還記得你小時候給我捶腿的感覺，真是比按摩師的按摩都管用。來，再讓爸爸享受一下你的超級服務！」爸爸繼續「引誘」小松。小松被說動了，開始靠過去給爸爸捶腿。過了一會兒，小松小心翼翼的向爸爸求證說：「你真的覺得我很懂事，你真的很喜歡我？我捶腿真的很舒服嗎？」孩子都喜歡聽好話，希望聽到真誠的讚美。「還行吧。」這一次，爸爸慵懶的回答小松，不知道是不是真的累了。小松停下手，賭氣的對爸爸說：「原來你那些都是假話啊。騙人！」爸爸也有些不高興，說：「你

不願意給我捶腿就算了。看你的電視去吧。」小松真的生氣了，不再管爸爸，看自己的電視去了。

只是花言巧語的讚美，往往會讓孩子覺得父母不真誠，認為父母虛偽，從而使孩子對父母產生反感甚至厭惡，自然也就難以接受父母的教育了。

你若無憑無據、虛情假意的讚美別人，他不僅會感到莫名其妙，更會覺得你油嘴滑舌、狡猾虛偽。例如，當你見到一位其貌不揚的小姐，卻偏要對她說：「你真是美極了。」對方立刻就會認定你所說的是虛偽之至的違心之言。但如果你著眼於她的服飾、談吐、舉止，發現她這些方面的出眾之處並真誠加以讚美，她一定會高興地接受。

讚美要實事求是

盛唐時期的魏王李泰十分喜好文學，特別受唐太宗的寵愛。有人說大臣中有瞧不起李泰的，唐太宗聽後大怒，召眾大臣責備道：「隋文帝時，眾大臣都被諸王踩在腳下，我如果放縱他們也這樣做，豈不是使諸位蒙受恥辱嗎？」魏徵一聽皇上說話有些離譜，趕緊接上說：「如果法紀綱常被徹底破壞，固然不必理論，如今有聖明君主在，魏王當然沒有辱沒群臣的道理。隋文帝驕縱他的兒子，到最後都成了刀下之鬼，這難道也值得效法嗎？」

唐太宗李世民高興的說道：「我因私愛而忘了公義，聽了您的話才知道理屈。」魏徵之所以能夠說服唐太宗，是因為他先讚美唐太宗是「聖明君主」，先讓他心裡舒服一下，然後再說服。如果魏徵以硬碰硬，一針見血的指出唐太宗所說的言語的不是，其最終的結果定是難以想像的。

任何人的內心裡都渴望別人支持自己，並給予讚美。

有一位出國旅遊的人聽說外國人都喜歡聽別人的讚美，尤其是女士，最喜歡聽別人說她漂亮。後來，每當他走到大街上，便想試著去讚美別人。一次，他去逛超市，迎面走來一位很胖的婦女。他習慣性對這位婦女說：「小姐，您真是太漂亮了！」不料，這位婦女狠狠瞪了他一眼，毫不客氣的說：「先生，你是不是離家太久了？」

讚美的目的是要對對方表示一種肯定和欣賞，讓對方能從我們的話中領會這些含義。然而若是讚美不當，就如同隔靴搔癢，不僅起不到好的作用，反而更像是在「拍馬屁」，容易引起對方反感。當我們的讚美正合對方心意時，會加倍增添他們的自信感。這的確是感染人心的有效方法，同時也是改善和鞏固我們人際關係的關鍵所在。

多年前，體育評論家宋世雄有一次搭計程車到電視台轉播一場比賽。司機將他送到電視

台後說：「宋先生，轉播完球賽都深夜一點了，您怎麼回家呢？需要我夜裡一點再回來接您嗎！」多年以後，宋世雄還回憶說：「人生當中，還有什麼比這種真摯的關心更珍貴呢的？這位終日在大街小巷中奔忙的司機並不懂什麼高超的公關技巧、公關心理，但他有一顆關愛別人的善良之心。」這位司機一句源自真心的話語，將自己對宋世雄的讚美之情寓於生活之中，令人感動。因此讚美有時候沒有必要刻意修飾，只要源於生活，發自內心，真情流露，自然就會收到讚美的效果。

讚美是合乎人性的管理法則。適當得體的讚美，會使人感到開心、快樂。這時候，管理者會聽到下屬這樣的心聲：「他很確切的讚美了我的表現。所以我感受他是在真摯的關心我、尊重我，並且很熟悉我的工作情形。」同時，你會得到意想不到的回報，那就是當員工感到自己的表現越來越受到肯定和尊重時，他們會以感恩之心來表現得越來越出色。因此管理者要多讚美、少批評，一有機會就讚美你的員工，讚美永遠不要嫌多。另外讚美員工方式要恰當，用語言、真誠的微笑、欣賞的眼神等用來讚美他人。

克萊斯勒公司為羅斯福總統製造了一輛汽車，因為他下肢癱瘓，不能使用普通的小汽車。工程師將汽車送到白宮，總統立即對它產生了極大的興趣：「我覺得簡直不可思議，只需按按鈕，車子就能跑起來，真是太奇妙了！」他的朋友們也在一旁欣賞汽車，總統當著大家的面誇獎：「我真感激你們花費時間和精力研製了這輛車，這是一件了不起的事！」總統接著細看了車的散熱器、車燈等。也就是說，他提到了車的每一個細節，並堅持讓夫人和他的朋友們注意這些裝置。這些具體的讚美，讓人感到了他的真心和誠意。

一句讚美的話能給人帶來愉悅的心情，這是一件很值得高興的事。讚美並不等於拍馬屁，而是一門藝術，要想滿足人們對於讚美的渴望，我們需要具體的去讚美，不能含糊其辭，否則可能會讓對方感到混亂和窘迫。讚美越具體，說明你對被讚美者越瞭解，也更容易讓對方接受你的讚美。

喬·吉拉德是美國著名的汽車銷售員，他的汽車零售紀錄已經被載入金氏世界紀錄，至今無人能打破。他為什麼能取得如此輝煌的成就呢？根據喬·吉拉德本人的總結得出——讚美最能打動客戶。

有一對夫婦結婚已經十年了，可是一直都沒有孩子。因此，太太養了幾隻小狗，把小狗視為孩子般疼愛。一天，先生一下班，太太便嘮叨了起來，說來了一個銷售員，看到小狗們在她跟前繞來繞去，卻視若無睹，這使得她又傷心又生氣，根本就沒有心思看那個銷售員的東西。

又有一天，先生一下班，太太便興高采烈對他說：「你不是說要買一輛車嗎？我已經約好了雪佛蘭汽車公司的銷售員喬·吉拉德星期天來洽談了。」先生一聽，甚為不悅：「我是說過要換一輛車，但沒說過現在就買呀！你為什麼要自作主張呢？」太太只好告訴了他事情的經過。原來，雪佛蘭汽車公司的銷售員喬·吉拉德也是一個愛狗之人，看到這位太太養的狗，便大加讚賞，說這隻狗的毛色漂亮，有光澤，又清潔，黑眼珠、黑鼻頭，乃是最高貴的優良品種。喬·拉德的話說得這位太太芳心大悅，如見知音，便對他產生了深深的好感，很快就答應讓他星期天來找她的先生進一步詳談。這位先生確實想換一輛新車，但他優柔寡斷，一直拿不定主意該換什麼車，現在既然銷售員喬·吉拉德上門來銷售新車，聽聽他介紹又何妨呢。

星期天，喬·吉拉德依約而至。經過一番交談後，這位先生很快就被喬·吉拉德說服了，因為喬·吉拉德仿佛能看得出先生心裡的真實想法，句句話都投中先生所好，令先生最後「當機立斷」，買下了喬所介紹的車。

在喬·吉拉德的銷售生涯中，類似於這樣的經歷，數不勝數。他心裡非常清楚，只要你懂得讚美客戶，只要你賣客戶最愛的車，你就能輕而易舉的拿到汽車訂單。喬·吉拉德曾經說過，像這樣愛動物的夫婦非常多，只要你能夠投其所好，表現出對他們寵物的喜愛，他們就會把你當成好朋友。

讚美要因時制宜

雖然大家都愛聽讚美的話，但是並非任何讚美都能使人高興。所以說，如果你想在瞬間打動別人，一定要有策略性的手段，可以讚美他的一些「身外之物」，也可以讚美他的一些不廣為人知卻自以為得意的事。只有別出心裁，才能起到瞬間打動別人的目的。

有一個長得很像某位電影明星的男孩，當他和朋友一起出來玩時，首次見到他的人總是說他和某個明星長得很像。通常被認為與某個名演員很像，大多數的人不會生氣，但這個男孩聽著心裡就是不舒服。也許朋友們在說這半句奉承、半開玩笑的話時，並沒有特別的含義。但是，事實上這種讚美的方法實在不怎麼高明，因為那位電影明星專演冷血反派的人物，因此別人說他們相像，雖然是讚美，卻也像是在指責他的缺點。

由此可見，讚美別人要因時制宜，要有真實的情感體驗，要有發自內心的真情實感，這樣的讚美才不會給人虛假和牽強的感覺。

福特集團的裝配產線一組組長就是深深懂得讚美的力量的人。「人們嘴上要你批評他，其實心裡只想要讚美。」這位組長認為，人的天性喜歡被人讚美而不喜歡被人批評。所以，他在自己的裝配組中宣導了一種重要的管理原則——讚美。為了讚美，他時時刻刻細心的發

現每一個員工的優點，不放過任何一個機會給予讚美。有這樣一個例子：剛進裝配組的王凱是今年才畢業的大學生，這位新員工工作了四天了，卻跟不上流水線上的程序。在第五天的時候，他終於勉強可以跟得上別人的節奏了。儘管這與一般進入裝配組四五天的人相比還差得很遠，但這位組長卻大加讚賞：「你能做到這樣，實在太棒了！你很有前途的。」這樣的讚美，使這位剛畢業的大學生很受到鼓舞，從此在裝配組一心一意地幹下去，後來成為裝配組最優秀的員工。

這位組長認為，讚美具有樹立個人自信心的神奇力量，一個人如果每一個小成就都受到了讚美，他就會有信心去嘗試爭取更大的成就。在這個裝配組裡面，二十多名員工，都是在不斷的讚美聲中走向成功的。也因為這樣，福特集團裝配產線的這個裝配組一直是全公司最優秀的團體。

大多數情況下，我們都會有這樣的感受：如果某人對你有好感，那他會很容易接受你的觀點和建議；反之，如果一個人開始就對你抱有反感，那麼，無論你怎麼說，他心裡想的都是拒絕接受。在心理學上，這叫做暈輪效應，就是說，人們都有以偏概全的心理傾向。對某人有好感，就會覺得他的舉止言行一切都好。讚美可以引起別人的好感，可以在瞬間打動人心，但運用讚美打動人心，卻要因時制宜。

文鈞剛到一家公司，他工作認真負責，努力進取。上司對他的表現非常滿意，讚美他說：「現在的年輕人大部分責任心不強，不思進取，而你和他們不同，好好努力吧。」這樣一番讚美的話，很可能會使小趙產生這樣一個想法：「如果我做的稍有點不好，上司肯定會說，『現在的年輕人怎麼什麼都不行』，幫他做事真不容易。」無形中，文鈞就產生了壓力。

讚美他人可不是輕而易舉的，要適當的讚美他人，則更是難上加難了。千萬不要以為讚美別人就是低看了自己，貶低他人才會顯示出自己能力。我們在花錢上可以吝嗇些，而對於讚美別人的話是絕不應該吝嗇的！但讚美別人也要因時制宜，否則，只能事與願違。要做到恰到好處的讚美，就要發自內心的讚美別人的優點，而不是冷嘲熱諷或者是虛情假意。

一位大學生希望他的租金能夠降低一些。然而，當他知道房東是個難纏的人，多次的嘗試都以失敗而告終，但他還是想最後再去試一試，於是這次他主動向房東表示：「一旦合約到期，我就搬出去。」房東去他屋裡找他，他熱情的在門口歡迎，開始的時候並不談房租的事。他說他十分喜歡這間房子，「住在這裡我感到十分愉快」，並極力稱讚房東管理有方，表示很願再住幾年，只是沒辦法，因為房租實在負擔不起。房東見他如此熱情，心裡十分感動，簡直不知怎麼辦才好。房東開始訴說自己的苦衷，抱怨房客一點也不通情達理，有的甚至說些侮辱他的話。接著說，如果房客都像你這樣，我就輕鬆多了。接著主動提出可以減些租金。大學生一邊道謝，一邊說出了一個能負擔的數字，房東表示同意。離開時還關心的對他說：「如果房子什麼地方需要修理儘管找我。」

這位大學生的成功之處，就在於他因時制宜的讚美房東所提供的房子，取得了的好感，從而成功的打動了他的房東。

一九六〇年，法國總統戴高樂訪問美國時，在一次尼克森為他舉行的宴會上，尼克森夫人費了很大的心思布置了一個鮮花展台，在一張馬蹄形的桌子中央，用鮮豔奪目的熱帶鮮花襯托了一個精緻的噴泉。戴高樂將軍一眼就看出這是主人為歡迎他而精心製作的，不禁讚不絕口：「女主人真是用心，一定花了很多時間來進行這個漂亮、雅緻的設計與布置。」尼克森夫人聽後，喜悅之情溢於言表。也許在其他人看來，尼克森夫人布置的鮮花展台不過是她作為一位副總統夫人的分內之事，沒什麼值得讚美的；但戴高樂將軍卻能領悟到她的苦心，並因此向夫人表示了特別的肯定與感謝，從而也使尼克森夫人十分高興。

稱讚一個人時，與其稱讚他最大的優點，不如發現他最不顯眼，甚至連他自己也未曾發現的優點。因為他最大的優點已成為他性格中的一部分，在任何人看來都已是不足為奇的了。如果經常稱讚一個人這樣的優點，可能會讓這個人產生反感；而那些小小的優點，因為從未或很少有人發現，因此也就彌足珍貴。

第四章　學會幽默的說話

幽默具有強大的感染力，巧用幽默可以達到奇妙的效果，巧妙的幽默是人際交往的潤滑劑。善於運用幽默的人在處理各式各樣的場面時都可以靈活自如。對於具有幽默感的人來說，他們不僅能夠贏得對方的歡迎與喜愛，還能有效避免正面衝突；不僅能夠使所到之處充滿融洽氣氛，還能創造出「柳暗花明又一村」的嶄新境地。

用幽默避免正面衝突

與人交往是非常複雜的，有的問題是因為種種原因累積而成的，公說公有理，婆說婆有理，是根本爭論不清楚的。

明朝陳耀文在《天中記》裡講了一個小寓言：有一次，夜裡睡覺白天飛翔的燕子，與白天睡覺夜晚活動的蝙蝠爭論起來。燕子認為日出是早晨，日落是傍晚；蝙蝠卻認為日落是早晨，日出是傍晚。牠倆嘰嘰喳喳，爭論不休。其實燕子和蝙蝠由於生活習慣和所處環境的不同，對晨夕各持不同看法，這個看法是永遠不會統一的。

從這則寓言我們可以得出這樣的啟示：待人處世中不要輕易與人爭論，即使非爭論不可，也必須看清對象，與根本沒有爭論理性的人爭論，是永遠爭不出結果來的。此時，不如微微一笑，豈不更好？

第二次世界大戰剛結束的一天晚上，卡爾在倫敦學到了一個極有價值的教訓。有一天晚上，卡爾參加一次宴會。宴席中，坐在卡爾右邊的一位先生講了一段幽默笑話，並引用了一句話，意思是「謀事在人，成事在天」。他說那句話出自聖經，但他錯了。卡爾知道正確的出處。為了表現出優越感，卡爾很神氣的糾正了他。那人立刻反唇相譏：「什麼？出自莎士比亞？不可能，絕對不可能！那句話出自聖經。」他確信確實如此！卡爾的老朋友佛蘭克·格蒙在他左邊，他研究莎士比亞的著作已有多年。於是，他們倆都同意向格蒙請教。格蒙聽了，在桌子下踢了卡爾一下，然後說：「卡爾，這位先生沒說錯，聖經裡有這句話。」那晚回家路上，卡爾對格蒙說：「佛蘭克，你明明知道那句話出自莎士比亞。」「是的，當然，」他回答。「可是卡爾，我們是宴會上的客人，為什麼非要證明他錯了？那樣會使他喜歡你嗎？為什麼不給他留點面子？他並沒問你的意見啊！他也不需要你的意見，為什麼要跟他爭對錯？應該永遠避免跟人家正面衝突。」

永遠避免跟人家正面衝突。那是卡爾受過最深刻的教訓。從那次之後，卡爾聽過、看過、參加過數以千次的爭論。這一切的結果，使他得出一個結論：天底下只有一種能在爭論中獲勝的方式，那就是避免爭論。

有一次，惠特曼在演講，全場的觀眾都被他幽默風趣的話語吸引住。忽然台下有人大聲說道：「你講的是笑話，我一點也聽不懂！」惠特曼面對這樣的攻擊，說道：「原來你是一隻長頸鹿啊，只有長頸鹿才有可能在星期一弄濕了腳，卻到了星期六才能感覺得到！」惠特曼在面對無理取鬧時，巧妙運用幽默語言迴避對方的鋒芒，並回擊了對方的不友好。

在與他人交往的時候，有時會遇到他人的惡意挑釁或者攻擊，如果選擇迴避或者不聲不響，這只能給挑釁者帶來鼓勵，會給自己帶來更多的傷害。這時我們不能退縮，要巧妙地抓住對方話語中的把柄，運用幽默這個武器來還擊。

一位議員參加總統競選。一天，他到一個村子裡去演講。當演講剛剛進行到一半的時候，遭到了反對他的人的攻擊，好多人向他投去爛番茄等農產品。

議員在面對這樣的情況時，並沒有發怒或者是離開，而是神態自若的擦掉身上的東西，

笑著對農民說：「也許我還不瞭解你們的困境，但是如果能夠得到你們的支持當上總統的話，我肯定有辦法解決你們農產品賣不出去的問題。」

正面對抗或者迴避挑釁，往往會使矛盾升級或交流發生中斷，而運用幽默的手法來巧妙地化解對方的攻擊，能使你的形象高大起來，更能增添別人對你的好感。

張大千是中國著名的畫家。一次他和友人吃飯時，朋友總以張大千的長鬍子為話題，接連不斷的開他玩笑。張大千默默不語，等朋友說完後，不慌不忙地說：「我也向諸位說一個有關鬍子的故事。」

「三國時期，劉備在關羽、張飛二的弟弟亡故後，特地興師伐吳為其報仇。關羽之子關興與張飛之子張苞復仇心切，都爭做先鋒，這使劉備左右為難。為公平起見，劉備說：『你們分別講述父親的戰功，誰講得多，誰就當先鋒！』張苞搶先發話：『先父喝斷長阪橋、夜戰馬超、智取瓦口、怒鞭督郵、義釋嚴顏。』」

「輪到關興，由於口吃，半天才說出一句話：『先父鬚長數尺，……』就再也說不出來了。這時，關公顯聖，立於雲端，聽完禁不住大罵道：『不肖子，為父當年斬顏良、誅文醜，過五關、斬六將，單刀赴會，這些光榮的戰績都不講，光講你老子的一口鬍子又有何用？』」

眾人聽完張大千講的這個故事，都啞然無聲，從此，再也不提鬍子的事了。張大千巧妙藉用鬍子的幽默故事，使自己擺脫被嘲笑的困境，也反擊了朋友們的嘲弄。

當然，我們在遇到挑釁的時候，還可以巧妙的避開對方的鋒芒，抓住對方的話語回擊對方的弱點，這樣既躲開了對方的攻擊，又不會使自己受到傷害。

某人有十幾年菸齡了。在一次朋友聚會上，大家都勸他把菸戒掉，告訴他肺癌都是吸菸引起的。可是他聽不進去，還在那裡向不吸菸的人宣揚吸菸的好處。這時一位女士走過來對那個朋友說：「不錯，你說得很對，吸菸確實是有好處，而且好處還有很多呢。吸菸能預防小偷，狗遇到了吸菸的人都會躲著走，而且最重要的是吸菸的人青春永駐。」大家聽完，很是疑惑，讓她解釋一下。這位女士接著說：「這還不明白嗎？吸菸的人在半夜的時候咳嗽得最厲害，這時小偷也在活動，聽到聲音還敢進屋呢？吸菸的人身體都很虛弱，過早駝背，狗就怕彎腰的人，以為要撿石頭打牠，當然就躲開了。吸菸的人還容易得肺癌，能活多大年紀啊，可不就青春永駐嗎？」大家聽完，哄然大笑。那個吸菸的人也無話可說了。此後，他經過努力也把菸戒掉了。

傑拉德·福特是美國第三十八任總統，他說話時常常喜歡用雙關語，這讓他的語言充滿幽默趣味。有一次，一位記者問他，他和林肯總統有何不同時，他回答說：「我是一輛福特，

不是林肯。眾所周知，林肯是美國很偉大的一位總統，又是一種最高級的名牌小汽車；而福特則是普通、廉價而大眾化的汽車。」他的話剛說完，記者就會心地笑了，沒有再追問下去。福特的這句話，一是表達了謙虛之情，二是暗中標榜了自己是一位大眾喜歡的總統，同時由於不是自己的口中直接說出，所以避免了自吹自擂之嫌。

明初有一位宮廷畫師名叫周玄素。有一次，朱元璋讓他在大殿牆壁上繪製一幅《天下江山圖》，以顯示自己的蓋世偉業。周玄素暗暗叫苦，心想偌大江山，僅憑一幅畫怎麼表現呢？再說，就算能繪出來，如果不合皇上的心意，那恐怕也要腦袋搬家了！他靈機一動，謝罪說：「臣不曾遊遍九州，不敢奉詔。斗膽懇請陛下提起御筆，先勾勒草圖，臣再修改潤色一二，方可畫出《天下江山圖》。」朱元璋聽了，覺得說得有理，便親自提筆畫起來，不一會兒就畫出了草圖，然後便命周玄素修飾。周玄素馬上跪地說道：「陛下江山已定，豈可再有改動！」朱元璋聽了，很高興，不但沒有怪罪他，還重賞了他。周玄素的話一語雙關，他表面上是說這幅《天下江山圖》已經畫好，我不便改動，而更深層的意思則是陛下的江山永固，沒人再能撼動。這番話大大迎合了朱元璋的心理，所以他自然龍顏大悅，重賞了周玄素。

幽默，是很棒的技巧，是說話中經常用到的「武器」。運用幽默不是一件容易的事情，雖然幽默在面對一些情況時，可以使你擺脫困境或者尷尬。但是，使用幽默也要注意分寸，不能什麼場合都用，要看情況使用。如果使用不當，不但達不到效果，還容易使自己陷入進退兩難的境地。

幽默解嘲脫困境

無論我們從事什麼工作，無論我們處於何種地位，與人交往是不可避免的。幽默不僅能幫助我們與他人進行有效的溝通和交往，還能幫助我們處理一些特殊的人際關係問題，讓我們能順利渡過困境。適當的幽默能幫助我們與他人建立和諧的關係，贏得別人的信任和喜愛。

友善的幽默能表達人與人之間的真誠友愛，能溝通心靈，拉近人與人之間的距離，填平人與人之間的鴻溝，是和他人建立良好關係不可缺少的東西。尤其當一個人要表達內心的不滿時，如果能使用幽默的語言，別人聽起來也會比較順耳。

有一個將軍，一次與士兵一起開慶功會，在與一個士兵乾杯時，那個士兵由於過於緊張，舉杯時用力過猛，竟將一杯酒潑到了將軍的頭上。士兵當時嚇壞了，可老將軍卻用手擦擦淋在頭頂上的酒笑著說：「你以為用酒就能治好我的禿頂嗎？我可沒聽說過這個藥方呀！」說得大家哈哈大笑，士兵也對將軍充滿了感激和崇拜。

當一個人需要把別人的態度從否定改變到肯定時，幽默是最具說服力的語言。當一個人和他人關係緊張時，即使在一觸即發的關鍵時刻，幽默也可以使彼此從容擺脫不愉快的窘境或消除矛盾。

有一次，林肯遇到了一個老人家，她對林肯說：「你是我見過的最醜的一個人。」林肯不急不緩地回答道：「請多包涵，我也是身不由己。」老人家笑了，說：「我倒不以為然，你可以待在自己的家裡不出門啊！」

這個故事是林肯親自和別人講的。林肯的這番趣談，使聽眾笑得前仰後合，但又使人覺得：他是多麼堅強和自信。他敢於面對現實，敢於自嘲自己，是一個心地誠實的人。

在與人交往時，當你看穿了別人的想法但又不便直說時，不妨神色自若的使用一下幽默，相信定能達到你想要的結果。

西方一位著名的喜劇女演員卡洛柏妮，有一次坐在某餐廳裡用午餐。這時有一位老婦人走向她的餐桌，舉起手來摸摸卡洛的臉龐。老婦人的手指滑過她的五官，帶著歉意說：「我看不出它有多好。」「省省您的祝福吧！」卡洛柏妮說，「我看起來也沒多好看。」卡洛柏妮的這一妙語，打破了雙方的尷尬局面。

如果你想在與人交往時給人留下一個良好的印象，就要善於運用幽默的力量。

有位老學者曾這樣嘲諷過自己：我今年九十三歲，鬢髮全白，是個「皓首匹夫」；牙齒已經全部脫落，是個地道的「無恥（齒）之徒」；老伴早逝，一人獨居，是個「獨夫」；身患心臟病，時好時壞，是個「沒良心」；年老體衰，骨頭缺鈣，屬於「軟骨頭」；每早吃稀飯、豆腐乳，可謂「生活腐化」；午飯喜歡吃紅燒肉，古人云：「食肉者鄙」，照此說來，我又是一個「鄙夫」；我一輩子執教鞭，又常參加社會活動，兼職寫文章，是個「不務正業」之徒，；常言道：「老而不死是為賊」；我年屆耄耋，當然是個十足的「老賊」了……

不論在別人家做客，還是在自己家待客，充滿幽默的氣氛相信是我們每個人都需要的。當你走入室內，就要將你的幽默表現出來。一個面帶怒容或神情憂鬱的人，是永遠都不會比一個面帶微笑、風趣幽默的人更受歡迎的。

希臘大哲學家蘇格拉底，娶了有名的悍婦贊西佩，常作河東獅吼。傳說蘇格拉底未娶她之前，已經耳聞其悍婦之名，然而蘇格拉底還是娶她。幸好他自我解嘲的功夫了得。他說，娶老婆有如馭馬，馭馴馬沒有什麼可學，娶個悍婦，對修心養性的功夫大有助益。有一天，家裡吵鬧不休，蘇格拉底忍無可忍，只好出門。正到門口，他老婆從屋頂倒了一大盆水下來，恰好淋在他的頭上。蘇格拉底說：「我早就知道，雷霆之後必有甘霖。」這位哲學家悠然自若的態度實在難得呀。

林肯的老婆也是出了名的潑辣，喜歡張口就罵人。有一天，一個十二歲的報童，不認識路耽誤了送報的時間，遭到林肯太太的百般責罵。小孩去向報館老闆哭訴，說她不該欺人太甚，還發誓以後都不肯到那家去送報了。於是老闆向林肯提起了這件小事。林肯說：「算了吧！我都已經能忍她十多年了，這個小孩子偶然挨罵一兩頓，算得了什麼呢？」林肯的自我解嘲功夫了不起。

能否用正面心態面對困境，可以看得出一個人的度量。當擁有這樣的度量時，往往就能夠成就自己的偉大和功業。

幽默批評服人心

在與別人溝通時，適當使用幽默這個殺手鐧，不僅能幫你解決棘手的問題，而且還可以讓你的溝通能力錦上添花。

查理斯·史考勃是美國著名的鋼鐵大王。一次中午休息時間，他經過自己的鋼鐵廠，看到有幾個工人在抽菸，而就在他們的正上方，高懸著一塊大牌子「禁止吸菸」。如果你是史考勃，你會怎麼做？會不會走上前去，指著那個大牌子說：「你們不識字嗎？」

很多人的可能會那樣做。但史考勃卻是這樣做的：他思考了一下，面帶微笑地朝吸菸者走去，友好地遞給他們幾根雪茄，幽默地說：「諸位，如果你們能夠到外面抽掉這些雪茄，我將感激不盡。」工人們聽了都感到不好意思，便馬上把菸熄滅，並對史考勃產生了好感和尊敬之情。試問，這樣的人誰不樂意和他共事呢？

美國前總統柯立芝有一位漂亮的女祕書，人雖然長得漂亮，但工作中卻常因粗心而出錯。一天早晨，柯立芝看見祕書走進辦公室，便對她說：「今天你穿的這身衣服真漂亮，正適合你這樣年輕迷人的小姐。」這句話出自柯立芝口中，簡直讓女祕書受寵若驚。柯立芝接著說：「但也不要驕傲，我相信你同樣能把公文處理得像你本人一樣漂亮的。」女祕書對這次批評印象非常深刻，從此在處理公文時很少出錯了。

一位朋友知道了這件事，就問柯立芝：「這個方法很妙，你是怎麼想出來的？」柯立芝得意洋洋的說：「這很簡單，你看見過理髮師幫人刮鬍子嗎？他要先幫人塗些刮鬍泡，為什麼呀，就是為了刮起來使人不覺得痛。」

貴為美國總統，說話如此委婉客氣，這是他好修養、好氣度的表現。假如他換一種盛氣凌人的口吻呵斥：「怎麼搞的？連標點符號都搞不清楚，虧你還是大學畢業的！」只能讓對方反感，反而達不到糾正對方錯誤的目的。

有一天早上，劉老師正在批改家庭作業，首先映入眼簾的就是一張小紙片，上面記錄著：常淑君沒交作業。過了一會兒，劉老師走進教室，批改作業，常淑君把作業交上來了，一看，那字跡亂得沒法辨認，頓時火冒三丈，想狠狠訓斥他一頓，然後讓他重做。但劉老師馬上改變了這種想法，這種方法我試過很多次了，都沒有什麼效果，何不讓同學來代替自己批評批評他呢？劉老師馬上對同學說：「誰來當老師，用比較幽默、恰當的比喻來形容一下常淑君的字，幫老師教育一下他？」首先起來發言的是常淑君的好朋友，他看了看作業本說：「常淑君，你的作業上像有許多隻橫行霸道的螃蟹在爬，張牙舞爪的。」剛說完，調皮鬼范仲凱接了一句：「哇！螃蟹！螃蟹！本子上好多螃蟹，別掉下幾隻夾住我們的腳呀！」同學們一片哄笑。常淑君很不好意思的臉紅了。這時，劉老師看見人群中有一雙手舉得很高，那是常淑君的另一位好朋友，劉老師點了他的名說：「你來幽默批評一下你的好朋友吧。」他指指那潦草的作業說：「你的字像一個人喝醉了酒走路歪歪倒倒的，手還在胡亂揮舞，雙腳也在亂踢。我用我們學過的成語來形容，那就是『張牙舞爪』。」而且他還故意把「張牙舞爪」這個成語的字音拖得特別長，還用雙手比劃了一下張牙舞爪的動作，惹得大家哈哈大笑。常淑君的臉更紅了，這些都是來自他的好朋友的批評，說的也是事實，他也不好說什麼。於是劉老師對他說：「你的字亂成這樣，你的好朋友都有意見了，這兩個比喻不是批評，而是對你善意的提醒，希望你一定要記住好朋友的話，下定決心認認真真的寫字。」他的好朋友接著說：「你可要努力改正啊，別再張牙舞爪了。」常淑君點了點頭。

如果你想用你的「嘴」說動別人的「腿」，運用好批評的方式，也能起到極佳的效果。當面指責他人，只會造成對方的敵意，而巧妙地暗示對方注意自己的錯誤，則會受到愛戴和喜歡。這就是最高明的批評之道。

現在辦公室裡的電腦使用越來越普及，而且電腦的等級越來越高，同事們不僅需要學習電腦、使用電腦工作，也可以用電腦消遣打發一下休息時間，甚至有人玩電腦遊戲以致影響了工作。某公司有位平時表現很不錯的新員工張瑜，最近突然對電腦遊戲著了迷，不僅上班時間有空就玩線上遊戲，而且下班以後還經常留在公司玩遊戲。

有一天晚上，公司總經理下班以後又回來拿遺留在辦公室的文件，因為第二天出差必須使用。當總經理路過這位員工所在的座位時，這位員工正全神貫注的玩遊戲，並沒有注意到總經理已經來到了他的身後。這時總經理注意到這位員工並不是在加班而是在玩電腦遊戲，心中不免不滿，但公司規章裡規定上班時間玩電腦遊戲者要被罰款，可現在是下班時間，如果罰款張瑜肯定心裡不服，但只是簡單制止又未必能起到防止未來不再犯的作用。總經理很快想出一個方法，既不會引起小張的逆反情緒，又可讓其接受指教，於是就上前去輕輕拍了

拍他的肩膀，並心平氣和的說了句：「張瑜呀，這麼晚還在加班哪，多注意身體呀！」張某愧疚的看著總經理，知道自己錯了。從此以後，張瑜再也不在辦公室玩電腦遊戲了，而且工作更是兢兢業業。

批評性談話具有否定性，極易造成談話雙方心理上的不相容性和相互排斥性，影響談話效果。若在批評中適當運用幽默，則這種不相容性可以得到消解，甚至可以化不相容為相容。從而引起被批評者對批評內容的省思、認可、接受直至改善。

巧用幽默增魅力

卡內基有句名言：「關於溝通，除了詞彙之外，最重要的就是『趣味』！」幽默的作用可見一般。生活中離不開幽默，是幽默令生活更多彩多姿，增添情趣，使人輕鬆愉快。

在人際交往中，機智風趣、談吐幽默的人往往能在很短的時間就與人交流得如同自己人一般。我們誰都不願和動輒與人爭吵，或者鬱鬱寡歡、言語乏味的人交往。幽默可以說是一種潤滑劑，它使煩惱變為歡暢，使痛苦變成愉快，將尷尬轉為融洽，讓你牢牢地吸引住對方。

具有幽默感的人，往往能一出口就打動別人，為人處世比較靈活，能比較容易與周圍

的人建立良好的人際關係。枯燥的會議因為他在而談笑風生；朋友聚會因他而熱鬧；面對嚴肅的上司，他出語詼諧，鬆弛了上司板著的臉孔；面對拘謹的下屬，他妙語解頤，緩和其緊張的心情；參與緊張的談判，在激烈的討價還價之餘，他突然來了點幽默，交易馬上順利達成……這樣的人，有人會不喜歡嗎？適當開個玩笑，給生活增添一道幽默和詼諧的色彩，人際交往會更愉快！

幽默可以增添一個人的魅力，化尷尬為輕鬆，化被動為主動。它不單能夠使我們走出尷尬，而且還能夠使氣氛更加融洽、和諧。它是人際交往中的一種奇妙的潤滑劑。不可否認，幽默能自然的消除陌生人之間的心理敵意，拉近彼此的心理距離。無論是誰都願意和一個有幽默感的人相處，而不願和一個整天板著臉毫無趣味的人相處。這也證實了幽默作為一種生活情趣，能反映一個人的修養和情調，對他人極易產生人格吸引力。

傑出的英國戲劇家蕭伯納一天在街頭被一個騎腳踏車的人撞倒，雖然沒有發生事故，但這一驚嚇也非同小可。那個人立即扶起他，並慌張的向他道歉。然而，蕭伯納打斷了他，對他說：「不，先生，您比我更不幸。要是您再用力一點，那就可以作為撞死蕭伯納的好漢而永遠名垂史冊啦！」

蕭伯納的這句幽默話讓那位撞到他的人頓時放鬆了心情，一場事故就這麼化解了。

馬克．吐溫更是一個深諳幽默之道的人。有一次，他要去一個小城，臨行前別人告訴他，那裡的蚊子特別厲害。到了之後，正當他在旅店登記房間時，一隻蚊子在馬克．吐溫眼前盤旋，這使得職員尷尬萬分。馬克．溫卻滿不在乎的說：「貴地蚊子比傳說中的不知道聰明多少倍，牠竟會預先看好我的房間號碼，以便夜晚光顧、飽餐一頓。」一句話逗得職員不禁哈哈大笑。結果，這一夜馬克．吐溫睡得十分香甜。原來，當天晚上旅館全體職員一齊出動，驅趕蚊子，免得這位受人歡迎的大作家遭受蚊蟲叮咬。幽默，不僅使馬克．吐溫擁有一群誠摯的朋友，也因此得到陌生人的「特別關照」。

對於男性來說，幽默也是和女士拉近距離的一個手段。有句話是這麼說的：如果你能讓一個女人連續笑三次，那麼她對你的防範之心就會降低很多。

男人要和比自己年紀大許多或小許多的女人相處融洽，適度的幽默感是必需的。特別是含蓄而適度的兩性幽默，在特定場合，更有拉近距離的作用。男女之間，如果不是太熟悉，是不可以亂開玩笑的，但表達幽默感永遠是沒有性別界限的「萬靈丹」，因為相同的文化背景和社會環境，為我們提供了這種愉悅的可能。

對演講者來說，若是居高臨下的嚴肅的講談，那麼與聽眾的感情就難以溝通，反之，一開始便對等、閒聊式的來個小幽默，一下子就能縮短與聽眾之間的距離。

新學期初始，某大學的生物系舉辦迎新晚會，作為系主任的著名植物分類學教授一上台就說：「生物學，過去大家都認為是採採標本，捕捕蝴蝶什麼的。」兩句話，惹得大家都笑起來，氣氛一下子活躍起來。

所以，當演講氣氛緊張或演講者與聽眾尚未完全溝通時，適當的施加幽默便可解除緊張。

現在你已經知道了，在社交場合，在和不太熟悉的人閒談時，適當加入幽默，會讓接下來的交談變得輕鬆愉快。

善用幽默贏信任

用過於嚴肅的態度生活，難免太沉重；人生不如意之事十之八九，若總是唉聲嘆氣，生活必然一片灰暗。如果換一種心態，調侃一下生活，就會顯得詼諧幽默，從容自然，每天都會很陽光、很光明，充滿希望和快樂。

美國總統雷根總統訪問加拿大時，在一座城市發表演說。在演說過程中，有一群舉行反美示威的人不時打斷他的演說，明顯表現出反美情緒。雷根是作為客人到加拿大訪問的，作

為加拿大的總理皮耶．杜魯道對這種無禮的舉動感到非常尷尬。面對這種困境，雷根反而面帶笑容的對他說：「這種情況在美國在經常發生的，我想這些人一定是特意從美國來到貴國的，可能他們想使我有一種賓至如歸的感覺。」聽到這話，尷尬的杜魯道忍不住笑了。

西元二〇〇七年，中斷多年的中日軍事高層交流重新啟動，一開始拘束總是難免的，也不可能指望一日「破冰」。不過，曹剛川的幽默化解了不少尷尬。拜會日本首相安倍晉三時，曹剛川向安倍一一介紹隨團將領，介紹完其他人，曹剛川「不忘」介紹自己，「我是中國國防部長曹剛川」，把安倍和在場人士都逗笑了。雙方會談於是在輕鬆氣氛中開場。

在參觀京都名勝金閣寺時，看得津津有味的曹剛川經過一個喻義鯉魚躍龍門的小瀑布。向前又走了一段，看見有真正鯉魚的水塘，曹剛川故意說，「這些鯉魚肯定是從那邊游過來的。」陪同的僧人聽了翻譯後哈哈大笑。當然，日方也很會活躍氣氛。日本外相町村信孝在與曹剛川會面時對他說：「日本新內閣被人稱為『日中友好內閣』，因為很多閣僚都很瞭解中國。」一席話，巧妙拉近了賓主的距離。

上述故事想必已經讓你體會到了這些領導者的魅力。調侃無疑是一種情趣。善調侃的人一定豁達且幽默，雅致且可愛。

在日常生活中，各種複雜的情景如果都能用較強的應變能力，發揮即興口才調侃一下，會增添不少趣味。

常在社區交誼廳玩牌的老王好久沒來了。這次一來，牌友孫裕就問：「老王啊，怎麼這幾天都沒看見你啊？」老王一臉的嚴肅，說：「別提了，我被『約談』了！」孫裕嚇一跳，問：「啊？怎麼回事？」老王一笑，說：「哈哈，我兒子、媳婦找我談話嘍，宣布我必須在規定時間、規定地點接送小孫子上幼稚園。」眾人這才明白，哈哈大笑。氣氛一下子變得輕鬆融洽。老王的幽默詼諧更是深入人心。

會調侃的人懂得如何給生活添加佐料，受到不公平待遇也會泰然處之，即使心情鬱悶，也能透過開玩笑的方式給別人傳達某種資訊，實質上這種人熱愛生活，大智若愚，充滿了人格魅力，在現實生活中會得到眾多朋友的喜愛，因此成功的機會自然比一般人多。

有個著名的女主持人，她被邀請為某大型晚會擔任主持人。出人意料的是，在晚會進行到中途時，她不小心在下台階時摔了下來。在這種大型場合出現如此情況，確實令人尷尬。但女主持人非常沉著的爬了起來，憑著她傑出的口才，對台下的觀眾說：「真是馬有失蹄，人有失足呀。我剛才的獅子滾繡球的表演滾得還不夠熟練吧？看來這次演出的台階不是那麼好下呢！但台上的節目會很精彩的，不信，請繼續看下去。」楊瀾這段自我解嘲式的即興話語非常成功，不但使自己擺脫了難堪，更顯示出了她非凡的口才，以致於她話音剛落，會場

就立刻爆發出熱烈的掌聲。

但是，和開玩笑一樣，調侃也要有一個尺度，尤其是那些可能讓對方尷尬或誤會的話還是不說為好。調侃自己的時候可以肆無忌憚，但用在別人身上時就一定要注意分寸了。調侃與玩笑的分寸與尺度既難以掌握卻又至關重要。同樣的玩笑開在這兒可以，開在那兒不行，這個人可以接受，那個人或許不能承受。那麼，分寸與尺度在哪裡，很顯然，在對方那裡。也就是說，無論我們的玩笑如何，對方不能接受那就是不合時宜，所以，入鄉隨俗、因人而異是詼諧、調侃的一個重要原則。調侃的目的在於活躍氣氛，千萬不要適得其反。

化解僵局幽默有奇效

在人際交往中，我們會經常遇到一些意想不到的事情，或是自己失言失態，或是對方的反應不如我們事先預料得好，或是周圍的環境出現了我們沒有考慮到的因素，等等。總之，這些猝不及防的情境往往會令我們狼狽不堪。這個時候，最有效的解決方法，就是用幽默來擺脫尷尬。

一位詩人與一位將軍同時出席宴會，女主人一味的向別人炫耀自己：「我這位詩人朋友

將馬上為我作一首詩來當場讚美我。」詩人感到很尷尬，但又不好直接拒絕，只好說：「還是請將軍先做一門大炮吧！」

一句幽默，化解了這個尷尬的僵局，高明至極！

一個人在市場上買了六隻來自異國的麻雀，準備進獻給本國的國王。按照這個國家的習俗，七才是吉利的數字。如果僅送六隻，這個人擔心國王會生氣，於是就決定混一隻本國的麻雀進去，湊夠七隻獻給國王。國王見到七隻麻雀，果然很高興。但當他仔細玩賞一遍後，突然發現其中有一隻本國的麻雀混在其中，立即大怒：「這是怎麼回事？是不是你故意混入來欺騙我孤陋寡聞的？」那人嚇了一跳，但他馬上解釋道：「陛下的眼睛果然厲害，可是陛下不知道，這隻本國的麻雀是其他六隻異國麻雀的隨行翻譯啊！」國王一聽，雖然他的話有幾分荒謬，但見他奉承得體，還是嘉獎了他。

在一些情境中，純粹調笑性質的幽默要比隨機應變的能力能給人帶來更多的精神樂趣。這種精神享受是以在場人物的共享為特點的；而在人的安全面臨威脅或處境尷尬的時候，純粹調笑性質的幽默就難以應付了，只有隨機應變才能化解。

有一天，德國詩人歌德在公園散步。在一條只能通過一個人的小路上，歌德遇到了一個曾對他的作品提出過尖銳批評的評論家。這位評論家對歌德高聲喊道：「我從來都不給傻子

讓路！」結果歌德急中生智，回了一句：「而我則恰恰相反，先生！」說完，滿面笑容的讓在一旁。

歌德的這一應對方式，後來傳為佳話。他運用幽默來化解僵局，有點「以柔克剛」的味道。

有一位顧客到一家飯店吃飯，點了一隻油炸龍蝦。結果菜上來後，他發現盤中的龍蝦少了一隻蝦螯，於是就詢問侍者。侍者無法解釋，只好找來了老闆。老闆抱歉的說：「真對不起先生，龍蝦是一種好鬥的動物。您點的龍蝦可能是在和牠的同伴打架時被夾斷了一隻螯。」顧客巧妙的說：「那麼，就請換一隻打贏的龍蝦給我吧。」

老闆和顧客雙方都用了幽默的方式，委婉地指出了雙方存在的分歧。這種方式，沒有取笑他人，沒有批評他人，也沒有傷及他人的自尊，既保護了飯店的聲譽，又維護了顧客的利益。

其實，很多時候我們在幫助別人擺脫難堪時，也是在給自己一個台階下。這個時候，人們稱讚的往往不是你的說話技巧，而是你的人品。最重要的是，你因此而化解了很多矛盾，也贏得了很多朋友。

鋼琴家波奇一次在美國密西根州的弗林特城演奏，結果發現到場的觀眾不到五成。這讓

他既失望，又尷尬。但他並未因此取消演奏，而是以幽默的語言打破了僵局。他微笑著走向舞台，對前來欣賞的觀眾說：「我想弗林特這個城市的人一定很有錢，因為我看到你們每個人都買了兩三張票。」話音一落，大廳裡充滿了笑聲。

這位鋼琴家的成功之處就在於他對空座位的原因的解釋雖然荒誕，但卻很奇妙的讓幽默產生的喜悅壓倒了因觀眾少而產生的沮喪。只有原因是荒誕的，才會產生心理預期的落差。荒誕一些，幽默意味也就會濃厚一些。

兩度競選總統均敗在艾森豪手下的史蒂文生也從未失去過幽默。在他第一次榮獲提名競選總統時，他承認的確受寵若驚，並打趣說：「我想得意洋洋不會傷害任何人，也就是說，只要人不吸入這空氣的話。」在他初次競選敗給艾森豪的那天早晨，他以充滿幽默力量的口吻，在門口歡迎記者進來：「進來吧，來幫烤麵包驗驗屍。」

幾年後的一天，史蒂文生應邀到一個餐會上作演講。他在路上因閱兵行列的經過而耽擱，到達會場時已遲到了。他表示非常歉意，並解釋說：「軍隊英雄老是擋我的路。」

史蒂文生使用巧妙含蓄的語言，用一句句輕鬆、微妙的俏皮話，說得很委婉，從而改變了他在人們心目中的形象，使聽眾感到他並不是一個失敗者，即使沒有當選總統，他依然也是個贏家。

事實上，處於尷尬的情境時，無論是名人還是普通人，無論是隨機應變還是荒誕的推理，一些幽默技巧的運用，可以讓自己擺脫尷尬，甚至還會能將對方一軍。這就是幽默的超級效用。

名人幽默有技巧

名人的幽默有時具有自我解嘲的作用，既然自己已經很自覺地把臉丟了，別人就沒有必要再讓你丟臉了。而且透過自嘲可以使人們忽視了原來丟的那些臉，從而部分的挽回已失去的面子。

據說，有位大學教授叫姚明暉，他身體瘦弱卻總是穿著寬大的大衣。到了冬天天氣變冷，姚教授頭上戴頂大毛帽，從遠處看去只露出一副眼鏡，一個尖尖的鼻子，一撮翹翹的山羊鬍鬚，十分滑稽。

一天上課，姚教授和平時一樣的裝束，走進教室。只見黑板上不知那個調皮學生用漫畫筆法赫然畫了一隻人臉貓頭鷹。那人臉畫得活像這位滿腹經綸的老教授。姚教授站在黑板前面看了一會兒，臉上毫無慍色。拿起了一支粉筆，一本正經的在漫畫旁寫道：「此乃姚明暉

教授之容也。」寫完之後，大家笑了。姚先生也笑了。那位提心吊膽的漫畫作者舒了一口氣，對教授的氣度產生了尊重和敬意。

當姚教授看到黑板上的漫畫時，他知道那是學生們的惡作劇，是學生們在笑話他那副尊容，這時他如果對著學生們發火，那麼結果只能變得更糟，自己更加丟臉，所以他不發火，而是自己主動指出黑板上畫的就是我姚明暉，在這種情況下，學生們只顧了笑，而忘記了他丟了面子，並且此舉還會讓學生們由衷讚嘆他那博大的胸懷。

與人交談中，當你陷入尷尬的境地時，借助自嘲往往能使你從中體面的脫身。自嘲要求你具備豁達、樂觀、超脫的心態和胸懷，同時，你應是一個自信的人。因為，只有足夠自信的人才能拿自身的失誤、不足甚至生理缺陷來「尋開心」，對醜處、短處不加遮掩，反而把它放大、誇張，最後巧妙的引申發揮、自圓其說，博得眾人一笑。

陳嘉謨是清朝乾隆年間的舉人，他的門生眾多，可以稱得上是桃李滿天下。陳老先生八十多歲時，身體還是十分硬朗，並且與結髮妻子恩愛如初，每晚同床而眠。

一年新春，許多門生一道前來為恩師拜年，誰知老先生貪睡，門生們來了之後還沒有起床。聽說客人來了，便匆匆忙忙穿衣上堂，同眾門生寒暄敘禮。他見眾門生笑個不停，才發現由於著急，誤穿了妻子的衣服。陳老先生自己也覺得好笑，便自我解嘲地說：「我已經八十多歲了，你師母也八十歲了，今天我的正應了鄉間的俗語，『二八亂穿衣』呀。」眾門生聽了之後，都覺得老先生風趣幽默，大家一笑了之。

名人幽默最重要的作用有兩個：一為化解尷尬，一為反戈一擊。先來看看化解尷尬：

在現實生活中，我們會遇上各種各樣的事。人生在世，經常會處在不利的地位，經常會遇到尷尬的處境，這個時候，如果我們能讓自己的思維展開飛翔的翅膀，運用幽默機智，巧妙地把尷尬「推」到一邊，就能夠將自己從尷尬中解脫出來。

有一位姓李的大學教授，因為小時候長水痘臉上落下許多痘疤。新生入學的第一堂課，李教授剛走進教室，學生們便在下面對他指指點點，竊竊私語。李教授佯裝沒有看見，走到黑板前，寫下一句歇後語：李老師站講台——群眾觀點。學生們先是一愣，繼而回過神來，教室裡立即充滿了歡快的笑聲。這笑聲中沒有絲毫的嘲諷，大家都因為李教授的坦誠和風趣而對他肅然起敬。幽默的李教授不但沒有受到嘲笑，反而贏得了學生的敬愛。

有個官員頭禿得嚴重，在他過六十歲生日那天，有許多朋友來為他慶賀生日。妻子小聲勸他戴頂帽子，他卻大聲說：「我的夫人勸我今天戴頂帽子。可你們不知道光頭禿頭有多好；我是第一個知道下雨的人！」這句自嘲的話一下子使聚會的氣氛變得輕鬆起來。

他在人還未評論自己缺陷時，搶先一步，給自己的缺陷找了一個很好的理由，以此進行

自我安慰，求得了心理平衡。

西元一九二〇到八〇年代，美國著名影星洛伊一直活躍在銀幕上，但她在晚年的時候卻日漸發胖。正因自己身體太胖，朋友多次邀請她一起去海濱浴場游泳，她都不好意思去，盡量找各種理由推辭。

在一次記者招待會上，一位娛樂記者偏偏就針對這個問題向洛伊提問：「洛伊女士，您是不是因為自己太胖，怕丟臉才不去海濱游泳的？」洛伊想了一下，爽快的回答：「我是因為自己胖才不去游泳的，我怕我們的空軍駕駛員在天上看見我，以為他們又發現了一個新古巴。」在場的人聽後，發出陣陣歡呼聲和笑聲，不由得鼓起掌來。

洛伊出語不凡，用自嘲的口吻、誇張的手法化解了尷尬，既沒有被記者牽著鼻子走，又很好地活躍了招待會的氣氛，同時還給大家留下了一個良好的印象，顯示出自己豁達的心胸。在生死攸關的時刻，自我解嘲甚至可以巧妙的幫人脫離危險境地：時逢中秋，乾隆皇帝在御花園召集群臣賞月，他一時興起提出要與紀曉嵐對句集聯，以增雅興。乾隆自恃才高八斗、文思敏捷，於是先出上聯「玉帝行兵，風刀雨劍雲旗雷鼓天為陣」，吟畢，他躊躇滿志地注視著紀曉嵐，看他如何出對。

紀曉嵐沉思須臾，語出驚人：「龍王設宴，日燈月燭山餚海酒地作盤」。平心而論，紀曉嵐的下聯對得不但工整，氣魄也甚為宏大，較之上聯猶有過之，乾隆也非庸君，豈能不知其好？可正因如此，才引出了下文。

只見乾隆聽畢下聯，臉上的得意之色消失殆盡。「伴君如伴虎」，身為朝廷一品大員的紀曉嵐當然明白乾隆爺的心思：好勝的乾隆，怎能容得下才氣超過自己的應對？自己實在不該逞才學，搞不好會惹來殺身之禍。怎麼辦？但不愧為「一代宗師」，只見紀曉嵐靈機一動，巧舌如簧：「萬歲爺貴為天子，故風雨雷電任憑驅策、傲視天下；微臣乃酒囊飯袋，故視日月山海都在筵席之中，不過肚大貪吃而已。」乾隆聽畢，得意之色再露，對紀曉嵐笑曰：「愛卿飯量雖好，如非學富五車之人，實不能有此大肚。」

至於反戈一擊，通常是不需要的，只有對那些不懷好意、存心要看我們出醜的人，我們才要這麼做。一些人往往不懷好意，利用各種可乘之機，搜腸刮肚，想方設法，以使別人丟臉為快。對待這種人我們就要以牙還牙。

晏子是齊國的大夫，有一次他出使楚國，楚王和他的臣子想要羞辱他一番，便故意與晏子站在前庭說話。這時，武士押著一個人從楚王面前經過，楚王問道：「綁的是什麼人？」武士回答說：「是齊國人。」楚王看了一眼晏子，挑釁說：「齊國人生來就是盜賊吧？」晏子立刻針鋒相對的說：「大王，江南有橘樹，若把它移栽到江北，就變成了枳樹，之所以如

此，那是因為隨著地方的不同而發生變化。當今的齊國人，在齊國不偷不盜，很守規矩，到了楚國就胡作非為，大偷特偷起來，這大概是楚國的惡習薰染的結果吧。」

楚王聽後無言以對，只好說：「晏子果然是賢人，賢人不可以戲侮；戲侮不成，反倒自討沒趣。」

自嘲和調侃自己常常被稱為是幽默的最高境界，因為它能體現出說者豁達自信的心態，一旦缺乏自信，自嘲就成了自己貶低自己。一次好的自我解嘲往往能夠使人們轉移注意力，從而使自己擺脫尷尬處境，並且贏得別人的好感。所以，我們在與人溝通時，要學會在適當的時候幽自己一默。

第五章　五分鐘說服對方

人們在社會交往中是相互影響的。你是否碰到過這樣的尷尬場面？明明理由充分，可就是說服不了對方。有時沒說幾句，還會爭辯起來。的確，僅僅觀點正確是不夠的，說服力也很重要。你怎樣利用行之有效的方法和技巧去說服和改變他人的思想、態度和行為，這是一個人們經常遇到的現實問題。

提高對方聆聽的興趣

俗話說：「出門觀天色，進門看臉色。」觀天色，可推知陰晴雨雪，攜帶用具，以不受日晒雨淋；看臉色，便可知其情緒明晦。要想很快的說服別人，那就要提高對方聆聽的興趣。

戰國時代，七雄爾虞我詐，互相爭奪天下。彼時申不害以重術之技晉見韓昭侯，而一躍成為韓相，肩負國政重任。在他為期十五年的執政期間，韓國從未受過外國的欺侮。而當時的韓國比起另外六雄，國土最狹小，資源也最匱乏，能十五年未遭外侮足見申不害傑出的政治手腕。

起初，經過幾次遊說後，申不害從昭侯的態度中看出遊說已見效，但為抓住昭侯的心，他覺得自己還得花費一番苦心。恰好鄰國魏和趙發生戰爭，魏軍包圍了趙都邯鄲。韓昭侯明白，韓國必須立刻表明對這場戰爭的態度。於是立刻召請申不害入宮，徵求其意見。因為這幾天申不害的遊說，已使昭侯深信他是個人才，必有良好的計策。申不害覺得自己尚未揣摩透昭侯的心思，所以非常謹慎的說：「這個問題關係著國家的安危，容我再考慮吧！」退出後，申不害立刻想辦法刺探昭侯的心思。首先，他利用了趙卓和韓丹這兩個重要人物。申不害前去會見此二人，開始進行挑唆：「你們兩位是國人所共知的辯士，這個時候若能發揮真正的作用，那可真是前途無量！」二人被恭維得飄飄然，各自進宮向昭侯獻策。申不害則暗中觀察昭侯的反應，結果不言而喻，申不害的進言大受昭侯的青睞。不久，異鄉人申不害力壓列位重臣，一舉被擢升為韓國丞相。

俗話說，「知己知彼，百戰不殆。」在說服對方之前，我們必須透徹瞭解要被說服對象的有關情況，以便有針對性的進行說服，促使他應允。

孫子說：「故善用兵者，屈人之兵而非戰也，拔人之城而非攻也，毀人之國而非久也，必以全爭於天下，故兵不頓而利可全，此謀攻之法也。」他認為，不戰而使敵人屈服，這是最高超的謀略。而高超的說話水準正可以不戰而屈人之兵。正如劉勰所說：「一人之辯，重於九鼎之寶；三寸之舌，強於百萬之師。」

春秋時期，戰爭頻繁，因此時常會有大敵當前、兵臨城下之時的緊張談判。那些僅憑三寸不爛之舌而屈人之兵的精彩談判層出不窮，使得後人大為嘆服。一次秦國與晉國聯合起來攻打鄭國，聯軍包圍了鄭國國都，鄭國處在危亡之中。在這嚴峻的形勢下，鄭國國君只好派老臣燭之武到秦國去，想透過談判勸說秦軍退兵，以便孤立晉國，挽救鄭國的危亡。國都被包圍，燭之武無法出去，只好等到黑夜，再想辦法。

到了深夜，萬籟俱寂，四周漆黑一片，鄭文公親自把燭之武送到城上，讓他坐在一個籮筐裡，再用繩子綁在籮筐上，悄悄地將籮筐下墜到城下。燭之武趁著黑夜，終於祕密地來到了秦軍中，拜見了秦穆公。

燭之武對穆公說：「大王，我雖是鄭國人，今天卻是冒著危險為秦國的利益而來的。」穆公聽了，冷笑一聲說：「你還為我們著想呀？」燭之武顯得極為誠懇的地說：「你們兩國圍攻我們，我們鄭國就要滅亡了。不過，請您想一想，滅亡了我們，對您秦國會有什麼好處呢？鄭國在晉國的東邊，貴國又在晉國的西邊，相距千里，中間隔著晉國。我們滅亡之後，貴國能隔著晉國來管理我們的國土嗎？所以這國土恐怕只會落入晉國人的手中。貴國與晉國相鄰，實力也相當。晉國再併吞了鄭國，國力就超過貴國了啊！替別人出力去兼併土地，而削弱了自己的力量，聰明人能這麼選擇嗎？大王您可要三思啊！」

燭之武說到這裡，停了一下。見秦穆公眉頭一動，就猜到了他的心思，便接著說：「晉國現今很想稱霸啊！難道它滅亡了我國就會滿足嗎？一旦時機成熟，再向西擴展，難道就不會侵擾貴國嗎？」這時，秦穆公點了點頭說：「先生說的，還有些道理。」見穆公已初步接受，燭之武便繼續說道：「如果能讓鄭國繼續存在，對您並無壞處啊！讓我們作為貴國東邊路上的主人，招待過往的使者和軍隊，供應他們所需要的一切，不也很好嗎！」秦穆公聽了，又點了點頭，但沒有作聲。

燭之武見時機已經成熟，便進一步說道：「況且，您對晉惠公也有過恩惠呀，他也答應要用瑕、焦兩座城市來報答您，但結果又如何呢？他早晨剛剛回國，晚上就修築工事來防備貴國，哪裡還講信譽呢？所以，絕不要做那幫助晉國而削弱自己的事情喲！大王英明，想必是能考慮周全的。」燭之武的一番話，使秦穆公認真思考了一番，他派人私下裡與鄭國簽訂了盟約，單方面撤軍。這一下，聯軍瓦解了。晉國一看滅亡鄭國沒有希望，便也將軍隊撤退了。不費一兵一卒，鄭國國都的包圍就被解除了。

要想說服別人，首先要瞭解別人。越瞭解對方的情況，將對方的思想、感覺、看法瞭解得越清楚，我們的說服力就越強，只有這樣才能做到剖析疑難、破除迷津。

蘇洵的〈諫論〉裡有一個有趣的例子：古時候有三個人，一個勇敢，一個膽量一般，一個非常膽小。有一天，一個謀士要讓他們三人過一個深溝。他先對第一個人說：「跳過去的人是勇士，跳不過去的人是膽小鬼。」第一個人平生以自己的勇敢為自豪，他最怕別人看不起他，說他膽小，所以聽到這樣的話，不假思索就跳了。謀士接著對第二個人說：「你要是跳過這個深溝，能獲得一筆錢財。」第二個人膽量一般，但非常愛財，他聽了，咬咬牙也就跳過去了。只剩下最後一個人，錢財也無法幫助克服他的膽小，謀士想了一想，突然喊道：「老虎來了！」只見膽小的人立刻騰身而起，就像跨過平地一樣地越過了深溝。

這個小例子可以讓我們看出，要說服不同的人做同一件事，必須針對他們自身的情況，用不同的理由和方法激勵他們。而這一做法的前提條件是，必須對要說服的對象有所瞭解。

順著對方的心思說

每個人都經常遇到與自己想法不同的人。懷有分歧、心存反對的人無非就是在方向的選擇和對利益的認識上有所不同。儘管分歧乃至對立會使人們的關係變得緊張，但是，你希望別人如何對待抱持不同意見的你，你就應該如何去對待那些抱持不同意見的別人。

李先生最近進入一家新的公司，他發現他的屬下是一群自由散漫、失去鬥志的推銷員，他必須作出整頓，幸運的是，他非常善於動腦筋，用一套與眾不同的說服方法打動他們。

在第一次公司會議中，李先生先鼓勵大家說出他們希望能從他這個主管身上體現出的東西。在他們說話的同時，他把他們的想法都一一寫在黑板上。然後，李先生說：「沒問題，我會把你們對我的要求全部展現給你們。現在，請你們告訴我，我能從你們那兒得到些什麼？」答案自然有很多，都是屬下們自願提出來的，包括：忠實、誠懇、團結、勤奮，每天熱情工作八小時，積極加班，甚至有人表示願意每天工作十二個小時。最後，會議在群情振奮、信心百倍的氣氛中圓滿結束。從此以後，一切都朝李先生希望的方向前進，他的屬下們再也沒讓他失望過。

李先生的做法最值得借鑑的地方是，他認真徵詢了所要說服的對象們的希望和願望，將

他們引導到一個非常自覺的狀態，而讓他們自己說服自己，最終形成了一個道義上的交易。它的好處在於，只要李先生遵守他的諾言，他的屬下們也會自覺遵守自己的承諾。這樣的說服非常有效。

眾所周知，羅斯福是一位非常有天賦的政治家，他在當紐約市長的時候，完成了一項很了不起的政績，就是一方面和州議員們保持著良好的關係，另一方面促使他們同意一些令他們十分不高興的改革。讓我們看看他的說服方法吧。

當某一個重要職務空缺時，羅斯福就會邀請所有的州議員推薦接任人選。他說：「起初，他們也許會提議一個很差勁的黨棍，就是那種倚仗權勢需要特權照顧的人。我就告訴他們，任命這樣的一個人，大家很難贊成。」「然後，他們又把另外一個黨棍的名字提供給我，這是一個老公務員，他只求一切平安，碌碌無為。我告訴他們，這個人無法達到大眾的期望。接著我又請求他們，看看他們是否能找到一個顯然很適合這個位置的人選。」「他們第三次提議的人選，差不多還可以用，但是還不太合格。」「接著，我謝謝他們，請他們再試一次，而他們的第四次所推薦的人差不多就可以接受了。於是他們就提出更好的人選，我對他們的協助表示感謝，接著就任命最後被推薦的那個人優秀的人——我把這項任命的功勞歸之於他們……我告訴他們，我這樣做是為了能使他們感到高興，現在該輪到他們來使我高興了。

而他們也真的使我高興。他們以支持像《特別稅法案》等這類全面性的改革方案，來使我高興。」

當你不同意他人的觀點和看法時，或面對那些與你存在分歧甚至對立的人時，站起來與他針鋒相對的爭論一番並非上策。在日常生活中我們經常看到，即使是那些無關痛癢的事，如果較起勁來，都會導致針鋒相對的激烈場面。在爭論中，每一方都試圖壓倒對方，但這並不能解決任何問題，相反卻會傷了彼此的和氣，嚴重的還會破壞彼此的關係。

我們在進行說服時，可以根據對方的情況，積極亮出自己的底牌，表明自己的某些看法、興趣或是經歷等與說服對象有著許多相似之處。這樣的用意在於，使雙方的距離拉近，給聽者一種「我們是自己人」的好印象。一旦被說服者認為說服者是「同路人」，那就很容易被說服者引導和感化。

有一個病人和強盜成為朋友的故事：一天晚上，病人躺在床上。忽然，強盜跳進陽台來到床邊。他手中握著一把手槍，對病人厲聲叫道：「舉起手！起來！把錢都拿出來！」躺在床上的病人哭喪著臉說：「我患了非常嚴重的風濕病，手臂疼痛難忍，哪能舉得起來啊！」那強盜聽了一愣，口氣馬上變了：「咦，我也有風濕病，不過比你輕多了。你患這種病有多長時間了？都吃什麼藥？」

躺在床上的病人從水楊酸鈉到各類激素藥都說了一遍。強盜說：「水楊酸鈉不是好藥，那是醫生用來騙錢的藥，吃了它完全沒幫助。」兩人熱烈討論起來，特別對一些騙錢的藥物的看法相當一致。兩人越談越熱列，強盜已經在不知不覺中坐在床上，並扶病人坐了起來。強盜忽然發現自己手裡面還拿著手槍，面對手無縛雞之力的病人十分尷尬，連忙偷偷的把槍放進背包裡。為了表示自己的歉意，強盜問道：「你有什麼需要我幫忙的嗎？」病人說：「你我有緣分，我那邊的酒櫃裡有酒和酒杯，你過拿來，我們慶祝一下彼此的認識。」強盜說：「不如我們到外邊酒吧喝個痛快，如何？」病人苦著臉說：「只是我手臂太疼了，穿不上外衣。」強盜說：「我可以幫忙。」他幫病人穿戴整齊，一起向酒館走去。剛出門，病人突然大叫：「噢，我還沒帶錢呢！」「不要緊。我請客。」強盜答道。

短短的時間裡，病人跟強盜竟然成了朋友。要使初次見面的人與你接近，最好的方法就是找出兩人的共同點，即使是很小的共同點也無所謂，而且共同點愈多距離愈近。這樣一來，事情就好辦多了。

美國第十六任總統林肯是一位善於利用相似原理說服對手的人，他巧妙利用感情技巧，拉近自己和說服對象的心理距離，令人信服。以下是他在競選總統辯論中爭取民眾支持，化仇恨為好感的一番講演：南伊利諾州的同鄉們，肯塔基州的同鄉們，密蘇里的同鄉們，聽說

在場的人群中，有些想要和我作對，我實在不明白為什麼要這樣做，因為我也是一個和你們一樣直爽的平民。我生於肯塔基州，長於伊利諾州，和你們一樣是從艱苦的環境中打拼出來的。同鄉們，讓我們以友好的態度交往。我立志做一個世界上最謙和的人，絕不會去做損害其他人的是。我現在對你們誠懇的要求只是請求你們允許我說幾句話。你們是勇敢而豪爽的，這一點小要求，我想你們不會拒絕的……

林肯強調他和選民之間的相似處，指出他們是同鄉，是同樣直爽的平民……從而深深打動了選民的心，使他們克服了對立情緒，把林肯當作了自己人。林肯由此獲得了選票，當上了總統。

說得好不如說得巧

要想讓別人心甘情願的去做任何事，最有效的方法，不是談你所需要的，而是談他所需要的，並且教他怎麼去得到。探察別人的觀點，並且引起他心裡對某項事物迫切需要的願望，並不是要操縱他，讓他做只對你有利而不利於他的某件事，而是要他做對他自己有利，同時又符合你的想法的事。

門鈴響了，一個衣冠整齊的人站在大門外，當主人把門打開時，這個人問道：「請問您家裡有高級的吸塵器嗎？」男主人愣住了，因為這突然的一問使他不知該怎麼回答才好。於是男主人轉過臉和夫人商量，女主人面帶窘迫但又好奇的答道：「我們家是有吸塵器，不過不是特別高級的。」這時，門外的推銷員回應：「我這裡有個高級的。」說著從提包裡拿出一個高級吸塵器，就地演示了一番。接著，自然而然的讓這對夫婦接受了他的推銷。

值得注意的是，這位推銷員並沒有表現出他的能言善辯，他的成功之處在於，透過現場演示，將高級吸塵器的優點突出出來，準確地抓住了人們嚮往用高科技更輕鬆的完成家務的心理，激起女主人對高級吸塵器的迫切需要，從而達到銷售的目的。

這裡要掌握兩個環節：一是說服人要設身處地的談問題，要把別人的事當作對彼此都有利的事來看待；二是在促使他行動的時候，最好讓他覺得不是你的主意而是他自己的主意。這樣他才會更加主動和積極的行動。這種方法尤其適用於那些非常固執的人。如果你想讓一個人的工作方法有某些改變，或者想讓他接受一種新思想，而這個人非常固執，很難接受別人的建議，不管你的建議有多麼好，他就是認為自己的思想才是最有價值的。那麼，怎樣才能使他改變原有的思想觀念，按照你的思想方法做事呢？

美國密蘇里州一家電子產品製造公司的副經理凱利．里安說：「我發現讓一個人改變他

的工作方法或者工作程序的最好辦法，是讓這個人認為這一切都是他自己想出來的。」

「我讓他對這種改變負有全部責任，他也相信那全都是他第一個想到的。這樣對我們雙方都有好處，他會感到自己的工作更重要、更安全，而生產效率也會提高，這是我所期望的。」

「拿我們的生產監督員為例吧。上星期五我對他說：『我認為如果我們把三號切割機搬到那邊去，然後再加兩個電動捲繞站的話，我們的生產效率還能再提高。你可以回去想想，我想聽聽你是怎麼考慮的。』」

「一天後，他來到我的辦公室說：『這個週末，我有了一個最好的主意，如果我們把三號切割機搬到這裡，然後再加兩個電動捲繞站，我們在組裝線上就能少走不少冤枉路，生產效率能提高至少百分之十。我們不妨試試看。』那正是我想讓他發生的變化，這種方法要比告訴一個僱員去做什麼好得多。」

「人們都不喜歡被人家告訴怎樣去完成他們的工作，他們喜歡按照自己的方法做事。這種建議的方法每次都非常見效，每次我都如願以償，而僱員由於提出了新的方法受到嘉獎而更自發負責，如此一來，我們雙方都感到很愉快。」

「優勢問題」即先透過提問，將對方的期望和擔憂激發出來，使之產生一種強烈的尋求解決方法的願望，這時，你再將你的優勢展現出來，說服自然水到渠成。

在說服過程中，我們往往會發現，對方對我們的信任非常有限，尤其是在一些商務場合。當我們用陳述的語調直接說明自己的優勢時，不可避免的推銷意味就出現了，一旦有了「老王賣瓜、自賣自誇」的嫌疑，對方就會失去對我們的信任，容易產生抗拒心理。在這種情況下，我們很難說服成功。

巧設「優勢問題」這一方法，就是為了改善我們之前呆板的直接說服方式。「優勢問題」是一個重量級的技巧。所謂「優勢問題」，是一種捨棄直接訴求的方式，它的用意也在於引導對方主動思考。設立「優勢問題」的具體方法是，先透過提問點出對方最在乎的事（或是面臨的不利情況等），創造出一個有利於自己的情境，然後再將自己（或是產品）的優勢順勢展現出來，進而達到說服對方的目的。

有一位家長要幫兒子找一個英文家教，條件要求很高。他也開出了很高的薪水，吸引了許多家教老師，經過好幾次的面試，他都沒有找到一個符合他心目中要求的人，直到有一天，他接到這麼一個電話。

「高先生！聽說您在幫孩子找一位在教學上很有創意的家教是嗎？……高先生是否在乎孩子的學習興趣？……您也希望孩子在快樂中自然學好英語吧？……我是留美碩士，我的專

長就是透過有創意而且講究樂趣的直覺式學習法，不需要背誦單字就可以輕鬆學會英文，這個方法可以最大程度的避免孩子對英語學習產生恐懼感……」

這位應聘者在談話中就巧妙利用了「優勢問題」的設置，首先他激起了對方的期望，然後表達出自己的優勢——他不但英文造詣高，而且開發了一套頗有創意的「直覺式」學習方法，正好能解決對方所擔心的問題，說服自然水到渠成。

如果你並不認為自己具有一定的優勢，你也可以利用「優勢問題」的設計流程，創造出一個有利於自己達成目標的情況，讓對方更能夠接受你的說法，達到最終的目標。假如你是一個業務部的經理，為了確保展覽會能夠順利成功，你希望說服企劃部主管同意增加百分之二十的廣告預算，以策劃一系列為展覽會宣傳的廣告活動，但在這件事情上，你並沒有什麼優勢。

如果你使用陳述句的說法：「方經理！感謝你們規劃了這次展覽會，這是本季最重要的大事，為了確保展覽會能夠順利成功，我希望你能增加百分之二十的廣告預算，另外策劃一系列的廣告活動，為展覽會做宣傳……」這種直接訴求目的的說法，因為說服的味道明顯，很容易引起對方的防範，對方會傾向於保持自己的觀點或立場。

而採用設立「優勢問題」的說法則是：「方經理！感謝你們規劃了這次展覽會，這是本季最重要的大事，我想為了這次展覽會，我們的責任和壓力都很大，不是嗎？」「不知道方經理有多少把握可以把這次的人數提升到比上次更高？」「如果人來得太少，你看總經理會怎麼評價我們？」「你覺得，如果我們增加百分之二十的廣告預算，多多在媒體上宣傳這次的展覽活動，是不是可以吸引更多的人前來？」「我想，與其節省一點廣告費用，卻要冒著人流稀少上司不滿意的風險，不如多花一點宣傳費，進一步確保活動的成功，你覺得呢？」

顯然，利用「優勢問題」能極大程度的提升說服力，它把對方或問題本身面臨的不利情況點明出來，借此創造有利於自己達成目標的情境，然後將自己的想法或目的表達出來，如此一來，成功的機率必定會大大的提升。

雖然設定「優勢問題」的說法有時候顯得比較囉唆，但不要忘了，我們的最終目的是說服別人。考慮到它的實用效果，我們在說服過程中應該多加利用設定「優勢問題」的方法，當然，如果你能做到不囉嗦，又能讓對方真心回應你的話，那就更加完美了。

多說對方熟悉的事

即使我們的看法是對的，意見也是正確的，但被說服者也完全有可能不接受它。在大多

數情況下，別人不會被我們一「說」就「服」，我們應當明白，對方的看法、想法和做法，都不是一天形成的，正所謂「冰凍三尺，非一日之寒」。

有個計程車女司機把一的少年載到指定地點時，對方掏出尖刀逼她把錢都交出來，她裝作害怕樣交給歹徒一千元說：「今天就賺這麼一點，要嫌少的話就把零錢也給你吧。」說完又拿出兩百元找零用的錢。見女司機如此爽快，歹徒有些發愣。女司機趁機說：「你家在哪裡？我送你回家吧。這麼晚了，家人該等著急了。」見女司機是個女子又不反抗，歹徒便把刀收了起來，讓女司機把他送到火車站去。

見氣氛緩和，女司機不失時機的啟發歹徒：「我家裡原來也非常困難，又沒什麼專長，後來就跟人家學開車，做起計程車來。雖然賺的不算多，可也還可以過日子。何況自食其力，就算窮一點誰還能笑話我呢！」見歹徒沉默不語，女司機繼續說：「唉，男子漢四肢健全，做點都不會太差的，走上犯罪這條路一輩子就毀了。」火車站到了，見歹徒要下車，她又說：「我的錢就算幫助你的，用它幹點正事，以後別再做這種事了喔。」

一直不說話的歹徒聽罷突然哭了，把一千多元錢往司機手裡一塞說：「大姐，我以後餓死也不做這事了。」說完，低著頭走了。

人在認識事物時，首先要有正確的感覺和知覺。有了這些，才能產生印象，才能進入想像和思考，也才能接受你的觀點。這就要求我們在說服過程中，要盡可能地反覆強調自己的看法或觀點，增加論證，給被說服者留下深刻的印象。說服別人時要有耐心，絕對不能說一遍就放棄。很多時候，說服本來是可以取得更好的效果，但是說服者過早的放棄，或是滿足於已獲得的部分認同，放棄了堅持到底，使得本來很可能更有利的局勢毀於一旦。

日本理光光學公司董事長市村清先生，想說服小林先生購買新發明的陽畫感光紙，但他聽說小林先生對這類新技術、新發明一向不感興趣。

拜訪中市村清先生細心觀察，且保持著很有禮貌的向小林先生解說藍色晒圖應如何改變陽畫感光紙，一次、兩次……六次、七次，一再拜訪。有一天，小林先生不耐煩了，破口大罵：「我說不行就是不行，要講幾次你才瞭解。」他生氣了，證明他已經開始在意市村清先生的行為了，這是一件有希望的事情。既然已經生氣了，讓他情緒穩定下來就太可惜了。因此，市村清第二天清晨又去了。「昨天才跟你講過不行，怎麼你又來啦？」「喔，昨天很難得挨罵，所以我又來了。」市村清先生微笑著回答，「打擾你了，再見！」小林先生一下子呆住了，而市村清先生認為他已經有了反應，達到了一定效果，所以暫時以退為進。第三天一早他又去了。「早安。」在四目再次相接觸時，小林先生終於被市村清說服了。

經過市村清的反覆強調、再三堅持，小林先生最終購買了他的新發明。事實上，當時這

位小林先生平均每天都會見到一位推銷新技術的人，但幾乎都是見一面就再無瓜葛。市村清之所以能得償所願，就是在於他堅持自己的想法，反覆說明自己的產品，讓本來毫無興趣的小林先生記住了這件事，並且最終說服了他。

作為說服者，要永遠記住，不到最後的一刻，不要放棄你的說服目標。當你懷著一片熱誠的找到對方，對方本可以答應，但是他找出很多理由來拒絕你，讓你感到無能為力、無可奈何。碰到這種情況，有些人往往會打退堂鼓，放棄了事，也不再另尋機會說服。但是也有一些人，不達目的誓不甘休，他們反覆強調自己的觀點或看法，友好的賴著對方的時間，賴著對方的情面，甚至賴著對方的地盤，直到對方被他說服。

廣告業者證實，資訊重複是成功說服的根本所在。廣告理論中提到，一個人需要接觸某一廣告三次，才能確保廣告會對他起作用。第一次接觸產生興趣，第二次則使人思考該資訊，第三次起到提醒催促或者關閉放棄的作用。

齊國孟嘗君田文，又稱薛公，用齊來為韓、魏攻打楚，又為韓、魏攻打秦，而向西周借兵求糧。韓慶（韓人但在西周作官）為了西周的利益對薛公說：「您拿齊國為韓、魏攻楚，五年才攻取宛和葉以北地區，此舉增強了韓、魏的勢力。如今又聯合攻秦，又增加了韓、魏的強勢。韓、魏兩國南邊沒有對楚國侵略的擔憂，西邊沒有對秦國的恐懼，這樣地多遼闊的兩

國愈加顯得重要和尊貴，而齊國卻因此顯得輕賤了。這就猶如樹木的樹根和枝梢更迭盛衰，事物的強弱也會因時而變化，臣私下替您齊國感到不安。您不如使敝國西周暗中與秦合好，而您不要真的攻秦，也不必要向敝國借兵求糧。您兵臨函谷關而不要進攻，讓敝國把您的意圖對秦王說：『薛公肯定不會破秦來擴大韓、魏，他之所以進兵，是企圖讓楚國割讓東國給齊。』這樣，秦王將會放回楚懷王來與齊保持和好關係（當時楚懷王被秦昭公以會盟名義騙入秦地，並被扣押），秦國得以不被攻擊，而拿楚的東國使自己免除災難，肯定會願意去做。楚王得以歸國，必定感激齊國，齊得到楚國的東國而愈發強大，而薛公地盤也就世世代代沒有憂患了。秦國解除三國兵患，處於三晉（韓、趙、魏）的西鄰，三晉也必來尊事齊國。」

薛公說：「很好。」因而派遣韓慶入秦，使三國停止攻秦，從而讓齊國不向西周來借兵求糧。

凡是做說服工作的人都應注意重視關於資訊重複的這件事，這是經驗之談：不要期望你的資訊第一次發出就被對方接受；你的資訊起碼得發三次，而且只要有可能，就應該將其充分展現。

面對面說服的訣竅在於不斷把資訊重新包裝。你每一次傳遞資訊時，最好要找到新的證據，否則的話，你的話聽起來就像一張老唱片。據心理學家測驗，人們接受外來資訊的途徑，按比例為：視覺占百分之八十三，聽覺占百分之十一，嗅覺占百分之三點五，觸覺占百分之一點五，味覺占百分之一。

因而，我們要說服人，首先要注意說服的直觀性，用具體的描述來增強人的感知，引起注意，勾起回憶。如何透過反覆強調，加深被說服方的印象，增強他的感知，這就要涉及說服的技巧問題。

迎合的確有作用

如何說服對方，讓對方聽從自己的觀點，在社會交往中，這是很不容易的事情。對於很多很固執的人，或者正處於一種情緒的亢奮期，很難聽得進去勸告的人，按照常規的程序從正面的說服，就顯得無濟於事了。那麼，在這樣的情況下，遇到這樣的人，我們該怎麼來說服對方呢？想要有效說服別人，爭辯絕對不是個好辦法。

春秋時期，一位君主下令興建一座九層高的樓台，群臣勸說都無濟於事。君主乾脆再下一道命令，敢勸阻建九層台者斬首。這樣一來便沒人敢說話了。

此時一位大臣前來求見，君主正要發怒，大臣卻搶先說他能把九個棋子疊起來，上面還能再疊九個雞蛋。君主聽了，覺得這事情挺新鮮，立即要大臣露一手讓他開開眼界。大臣也不推辭，就把九個棋子疊在一起，接著又小心翼翼地把雞蛋往棋子上放。放第一個，第二個……大臣故意做出非常緊張、戰戰兢兢的樣子，一旁的宮女、侍從大氣也不敢出，君主也憋不住了，大叫：「危險！」大臣一聽，便停下動作，從容不迫的說：「這哪算什麼危險，還有比這更危險的事呢！」君主疑惑地問：「什麼事比這還危險？」大臣便亮出手中的雞蛋，慢吞吞的說：「建九層台就比這危險百倍。三年難以建成，且三年中徵用全國民工，使男不能耕、女不能織，百姓沒有收成，國家也變得窮困了。國家窮困了，外國便會趁機打進來，大王您也就無法穩坐王位了。您說這不比棋子上堆雞蛋更危險嗎？」君主愣了一會，細細思索，確實很有道理。以前諸大臣苦口婆心的規勸也差不多是這個意思，但是一聽見那些批評的言語，就讓人只覺得心煩。現在有了這個生動的例子，大臣的意見也不難接受了。於是，君主下令停工。

巧言善辯有時並不能解決問題，正在氣頭上的人，你與他爭辯只會讓他暴跳如雷，爭辯的結果是雙方失去冷靜，矛盾愈演愈烈，不但無法解決問題，還會惹出不小的麻煩。可見，想要說服別人，爭辯是不可能達到目的的。

其實，生活中處處有說服，比如工作。在公司裡，如果不對上司或同事、部下進行勸導

和說服，工作就會一事無成。而且，如果是業務員的話，推銷，或為了使企劃或產品更符合客戶的要求而徵詢客戶的意見，這些都是一種說服。在公司內部，與其他部門之間的協調，說服能力是不可缺少的能力之一。這些間接的說服，很重要的一個外部因素就是要利用周圍的環境，這樣才能讓你的說服發揮更好的效果。

說服別人的能力也是與人溝通能力的體現。其實人天天都在溝通，說服別人是人一生中不斷重複的工作，尤其是推銷與管理工作。說服別人有很多的技巧，但是最關鍵的是要掌握說服別人的三要素：「說服者是什麼人」，「說什麼」，「怎麼說」。這三者與說服力有著直接的關聯，構成了說服所不可缺少的要素。

有一位中學老師接管了一個班導的工作，正好趕上學校安排各班級學生參加整修操場的工作。這個班的學生躲在陰涼處，誰也不肯工作，老師怎麼說都不起作用。後來這個老師看到了不遠處有一個賣冰棒的店鋪，心裡有了辦法。他問學生們：「我知道你們並不是怕工作，而是都很怕熱吧？」學生們誰也不願說自己懶惰，便七嘴八舌說，確實是因為天氣太熱了。老師說：「既然是這樣，我們就等太陽下山再工作，現在我們可以痛痛快快得玩一玩。」學生一聽就高興了。老師為了使氣氛更熱烈一些，還買了幾十個冰棒讓大家消暑。在這樣的氛圍下，學生似乎找到了知音，他們不再對老師的話反感了，反而很聽從老師的安排。在說說笑笑的玩樂中，不用等到太陽落山就開始愉快的工作了。

說服別人的基礎是瞭解對方，只有弄清楚對方的觀點與需要，你才能找到相應的措施，而不是無的放矢，胡亂進攻。

說服別人不能缺少的是真誠的態度。你應當是恭敬謙讓的，臉上帶著輕鬆自然的微笑，這樣的人最起碼已經贏得了別人一半的認同感。不要總是來勢洶洶，抱著「我肯定正確」的態度試圖壓倒對方，這樣只會令人厭惡。

美國「超級推銷大王」法蘭克·貝德佳，在三十多年的保險推銷生涯中，以其輝煌的業績，贏得了「保險行銷教父」的稱號。有一次，貝德佳憑著良好的口才，僅用了短短的二十五分鐘，就談成了一筆二十五萬美金的保險。這筆交易在美國保險業界有口皆碑，堪稱貝德佳的經典事蹟。

那天，貝德佳從朋友處獲悉，紐約一位名叫布斯的製造業鉅賈為了拓展業務，向銀行申請了二十五萬美金的貸款。但銀行開出一個條件，要求他必須同時投保同等金額的保險。

貝德佳迅速與布斯先生取得了聯繫，並約定次日上午十點半見面。還打了個電話給紐約最負盛名的健康諮詢中心，替他的準客戶布斯先生預定好了次日十一點半的健康檢查時間。

「貝德佳先生，恐怕你會浪費時間而毫無收穫。」布斯先生指著桌上的一疊保險企劃書和申請書說，「你看，保險公司都把我這兒當成兵家必爭之地了。坦白說，我認為我們這次見面是浪費時間……」「布斯先生，如果您是我的兄弟，我會馬上告訴您一些坦白的話。」貝德佳誠懇的說，這是他最常對客戶說的一句話。此時，若不迅速採取措施，談話就很難進行下去。貝德佳及時的拋出那句他常對客戶說的話，「哦……是什麼話？」布斯果然走進了貝德佳設下的「圈套」。

貝德佳趁勢加大了進攻的力度：「我對保險這一行頗為熟悉，所以，如果您是我的兄弟，我建議您將這些企劃書統統都扔到廢紙簍中去。」布斯大為詫異：「此話怎講？」「布斯先生，為了幫助您做出最佳的選擇，我可否先問您幾個問題？」在多年的推銷生涯中，他往往先提出一連串的問題，使客戶連連做出肯定的回答，進而在不知不覺中把談話引向對自己有利的一面。「請說。」貝德佳的故弄玄虛，果然勾起了布斯的興趣。「據我所知，貴公司正打算貸款二十五萬美金拓展業務，但貸方希望您投保同額的保險，是嗎？」「沒錯。」「換句話說，只要您健在，債權人便對您的公司信心十足，但萬一您發生了意外，他們就無法信任您的公司可以繼續維持下去。是這樣嗎？」「嗯，可以這麼說。」「所以，您要立刻投保，這是眼前刻不容緩的事情。因為，人有旦夕禍福，我想債權人很可能會因此而減少貸款金額，或者乾脆拒絕貸款，您說呢？」「我不知道，但很有可能。」「所以您要盡快取得保證自己健康的契約，因為這個契約對您而言就相當於二十五萬美金的資金。」「那你有何建議？」「布斯先生，現在我為了您，正要安排一項別人做不到的事。」「哦……」「今早，我已替您約好十一點半去看卡伊爾醫生。他可是紐約聲譽極高的醫療檢驗師，他的檢驗報告得到全國保險公司的信任……」「其他的保險經紀人難道不能替我安排這件事嗎？」「當然，誰都可以辦到。但那些經紀人肯定是先打電話跟一向合作的醫院檢驗師聯絡。而事關二十五萬美金元的風險，保險公司必定會要求您到最有權威的診所做更精確的檢查。如此一來，貸款之事便要拖延數日，您願意浪費時間嗎？」「我一向身體硬朗。」布斯說。「可是，我們難保自己不會在某天早晨醒來時，忽然喉嚨痛或者患了流行性感冒。即使您很快恢復，也難保他們不會說：『布斯先生，您似乎已康復了，但您已留下頭痛的記錄，在未確定您的病因是暫時性還是長期性之前，我們想請你暫停投保三至四個月。』若是這樣，您又可能失去這筆貸款。」

說服別人最重要的是有同情理解對方的願望。假如你能從對方的角度來考慮問題，想其所想，急其所急，那橫亙在你們之間的溝壑便可輕鬆逾越，共識自然不難達成。不要試圖以爭辯來說服對方，從對方的角度來說服不但可能減少很多傷害，而且能為你贏得好人緣，它的價值是不可估量的。

多讓對方說「是」

當你與別人交談的時候，不要先討論你的不同意的事，要先強調，而且不停地強調——你所同意的事。因為你們都在為同一結論而努力，所以你們的相異之處只在方法，而不是目的。

讓對方在一開始就說「是，是的」。假如可能的話，最好讓對方沒有機會說「不」。哈理·奧維屈博士認為，「不」的反應是最難克服的障礙。當你說了一個「不」字以後，你那本性的自尊就會迫使你繼續堅持下去。雖然以後，你也許發現這樣的回答有待商榷。但是，你的自尊要往哪裡擺呀？一旦說了「不」，你就發覺自己很難再擺脫。所以，如何讓對方一開始就朝著肯定的方向作出反應，這對你們的結果是很重要的。

美國馬達推銷員哈里森，講了一件他親身經歷的有趣的事：一次，他到一家新客戶的公司去拜訪，準備說服他們再購買幾台新式馬達。不料，剛踏進公司的大門，便挨了當頭一棒：「哈里森，你又來推銷你那些破爛了！你不要做夢了，我們再也不會買你那些玩意兒了！」總工程師惱怒的說。經哈里森瞭解，事情原來是這樣的：總工程師昨天到工廠去檢查，用手摸了一下前不久哈里森推銷給他們的馬達，感到很燙手，便斷定哈里森推銷的馬達品質太

差。因而拒絕哈里森今日的拜訪，推銷更是沒希望啦！

哈里森冷靜考慮了一下，認為如果硬碰硬地與對方辯論馬達的品質，肯定於事無補。他便採取了另外一種戰術，於是發生了以下的對話：「好吧，史賓斯先生！我完全同意你的立場，假如馬達熱度過高，別說買新的，就是已經買了的也得退貨，你說是嗎？」「是的。」「當然，任何馬達工作時都會有一定程度的發熱，只是發熱不應超過全國電工協會所規定的標準，你說是嗎？」「是的。」「按國家技術標準，馬達的溫度可比室內溫度高出攝氏四十二度，是這樣的吧？」「是的。但是你們的馬達溫度比這高出許多，昨天差點把我的手都燙傷了！」「請稍等一下。請問你們工廠裡的溫度是多少？」「大約二十四度。」「好極了！工廠是二十四度，加上容許範圍內的四十二度的升溫，共計攝氏六十六度左右。請問，如果你把手放進攝氏六十六度的水裡會不會被燙傷呢？」「……那是完全可能的。」「那麼，請你以後千萬不要再去摸馬達了。不過，我們的產品品質，你們完全可以放心，絕對沒有問題。」結果，哈里森又做成了一筆買賣。

哈里森的成功，除了因為他的馬達品質的確不錯以外，他還利用了人們心理上的微妙的變化。

當一個人在說話時，如果一開始就說出一連串的「是」字來，就會使整個身心趨向肯定

的一面。這時全身呈放鬆狀態，容易造成和諧的談話氣氛，也容易放棄自己原來的偏見，轉而同意對方的意見。

最容易引人注意、加深對方的印象記的，莫過於將實例展現在人的面前。無論我們是在提議或是在勸告，讓事實說話總是能打動他人的最簡單的辦法。

米切爾本是每週領八百美金的上班族，他後來當上了美國最大的一家銀行的董事長。當他還是一家證券公司的主任時，常常有證券銷售人員跑到他的辦公室，抱怨沒有人買證券。每當發生這種事時，他從來不爭辯，只是說：「把你的帽子戴上，我們一起出去吃點什麼。」於是，他就借機會領著抱怨的人登上一座高聳的建築，站在視窗往下看。米切爾說：「仔細地看下去，那裡有六百萬居民，他們的總收入有幾十個億。他們正等著有人到身邊去告訴他們如何才能最好的利用他們的積蓄來投資，好好看看吧。」用這種方法，銷售人員幾乎無一例外的重新打起了精神。

米切爾的成功說服在於，他不只是用語言來鼓勵那些意志消沉的銷售人員，而是把事物都擺在他們面前，讓他們用自己的耳朵聽，用眼睛看，去分析事實的真相。

「建築之王」希爾也曾用這一招成就了自己非凡的事業：當年，希爾在承包已經破產的聖保羅城至太平洋沿岸的鐵路建設時，急切需要得到大銀行家斯蒂芬的支持。由於將要修築的鐵路將延伸到廣袤偏僻的草原上，斯蒂芬覺得，這樣荒涼的地方根本就沒有辦法營運鐵路，所以他一點興趣也沒有。無論希爾如何費盡唇舌，斯蒂芬始終不肯答應提供銀行的貸款。直到有一天，希爾將斯蒂芬拉上了一輛通往西部的火車，在終點站停下時，斯蒂芬改變了想法。原來，火車的終點站四周聚集了很多人，由於火車行到這裡就是終點了，所以各種運輸車輛把小路擠得滿滿的。看到這麼多的人，斯蒂芬興奮起來，他可以想像出一幅到這裡大移民的情景了。這時，他變得非常友好，而且主動提出要與希爾合作。

我們注意到，當一種觀念進入人心很長時間後，外人是很難用話語將它改變的。這時，要想改變一個人對一件事的偏見，就要找到與他觀念相悖的事實，自然而然的引入這個事實，並在時機成熟時闡釋它，發揮它的效用，使之真正成為你的說服的有力佐證。

某集團總裁錢先生約見新技術總監方女士時，瞭解到她的顧慮：方女士剛從國外回來，因為自己沒有相關背景，又是年輕女性，擔心受到歧視。為了打消方女士的顧慮，總裁錢先生請了三個人作陪，一位是經理張小姐，一位是宣傳部莊女士，另一位是總裁太太的侄女。為什麼請這三個人呢？因為她們都是從國外留學回來的。錢先生先介紹三位陪客，然後講了公司的制度，講男女員工的平等地位，讓方女士不必擔心會受到歧視。如果沒有三位女士在場，以事實作證，方女士未必會相信錢先生，未必能去除偏見，打消顧慮。

總之，要想贏得他人的注意，獲得他人的信任，最簡單的方法就是把實例擺在他人面前。對於普通人來說，眼見為實最能讓人信服。在說服的過程中盡量提供一些實例，聰明人常用這種方法。

兵法有云：「逢強智取，遇弱活擒」。當我們要說服的對象十分強大的時候，就不能按照常規的方法去說服他們，而可以採取一些辦法來智取。「請君入甕」是一種語言的藝術，悄悄的把對方引入你的立場，就比較容易說服對方了。

戰國時期，趙國的太后剛剛執政，秦國趁機攻打趙國，形勢非常危急。趙國向盟友齊國求救，齊國答應出兵支援，但有個條件，就是要求長安君到齊國做人質。長安君是趙太后最疼愛的小兒子，做人質要寄人籬下，在那個動盪戰亂的年代，人質的性命常常很難保證。所以對於齊國的要求，趙太后斷然拒絕。

趙國的大臣們都十分著急，紛紛勸說太后答應齊國的條件，太后非常生氣，立下旨意：「誰再來勸我讓長安君去做齊國的人質，我就處決誰。」大家一看，都不敢再開口了。秦國的進攻日益加緊，趙國安全危在旦夕，老臣觸龍看在眼裡，十分憂慮，決定冒險再勸一次太后。太后聽說後，怒氣沖沖的在大殿等他。

觸龍故意小步緩慢的走上殿堂，先謝罪說：「老臣的腳有毛病，不能快走，非常失禮。

很久沒有來拜見太后您了，擔心您的身體，今天特來問候！」看到觸龍老態龍鍾的樣子，太后不忍板著臉，跟著感慨道：「我現在進出也要靠車子才行了，我們都老嘍！」「那吃飯還好嗎？」觸龍很關切的問。「只能喝些稀粥，成天這麼多的煩心事，哪裡有胃口啊！」「我的胃口也不好，但我還堅持散散步，每天走二三里路，增加點食欲。」「唉，我可做不到。」太后嘆了口氣，臉色好多了，先前的怒氣基本看不到了。這時觸龍用懇求的語調說：「太后，老臣有個兒子叫舒祺，排行最小，不成材，但老臣很喜歡他，老臣想請求您讓他當一名侍衛，也算為國家出些力。」「好啊，他幾歲啦？」「十五歲，雖然還不大，但我想趁我活著的時候先安排好。」「哈哈，原來男人也如此疼愛自己的小兒子。」太后笑了。「當然，我喜歡這個小兒子比他媽媽還多呢。沒辦法，天下父母心嘛。」太后很開心，談話的氣氛越發緩和了。這時，觸龍趁機說：「老臣認為太后疼愛女兒燕后比長安君要多。」「這怎麼可能？」太后睜大了眼睛。觸龍很感慨的說：「父母疼愛兒女，總是替他們做長遠的打算。當年你送燕后遠嫁外地，她也哭個不停，不願意遠離家鄉；出嫁後，您非常想念她，但每次祭祀時總是祈禱她不要回國，好好當她的王后。這不是替她做長遠打算，讓她的子孫世代繼承王位嗎？」「是啊！」太后點頭說。觸龍進一步說：「您想過沒有，三代以前，甚至趙國的開國重臣，現在其子還封侯的還有人嗎？」「沒有了。」太后想了一下說。「是那些封侯人的子

孫都不好嗎，沒有能力嗎？不是的。關鍵是他們沒有功勞。沒有功績卻享受很高的俸祿，有很高的地位，時間長了就難服眾啦。現在你寵愛長安君，可以提高他的地位，賜予他土地與財寶，可你不讓他為國立功，您百年之後，長安君憑什麼服眾呢？所以我認為您沒有替長安君作長遠打算，所以說您對他的愛不如對燕后的愛。」

一席話，讓趙太后醒悟了，她改變了想法，同意長安君到齊國為人質，讓他為解決趙國的危機出力。齊國很快出兵，擊退了秦軍，趙國平安了。

蘇格拉底是人類歷史上最偉大的哲學家之一，他改變了人類的思考方式。在兩千四百年後的今天，大家仍尊他為最具智慧的說服者，因為他對這個紛爭的世界影響很大。他的祕訣是什麼？他的祕訣就是我們前面所提出的讓別人說「是」的說服技巧。他問些對方同意的問題，然後漸漸引導對方進入所設定的方向。對方只好繼續不斷地回答「是」，等到對方察覺時，他們已到達設定的結論了。

多說好話不吃虧

在人際交往中，我們通常要面臨的問題或困難，不是別的，而是要怎樣說服對方，這是一種藝術，也是成功交際的根本。因為有時候，就算是說和聽的雙方都出自善意，也常因對話語的不同理解而鬧出尷尬掃興的誤會。我們跟對方交談時最感困難的事，莫過於能否正確的把自己的意圖傳達給對方。要想正確的傳達意圖，表達思想，就要進行不斷地分析，排除正確溝通的障礙。

古人云：用爭奪的方法，你永遠得不到滿足，但用讓步的辦法，你可以得到比期待的更多。換言之，吃虧是福！

為了訴求增加薪水，懷特汽車公司的五千五百個工人組織工會罷工的時候，那家公司的經理白雷克並沒有震怒、斥責、恫嚇，或是指責這是一項暴行，反而對工人們誇獎、稱讚。他在各報紙上登了一則廣告，稱頌他們那是「放下工具的和平方法」。他觀察到罷工的糾察人員，閒著沒有事做，就去買了幾套棒球，請他們在空地上打球；有些人愛玩保齡球，他就替他們租了一間房子。

白雷克這種友善的態度贏得了他們的好感。那些罷工的工人，找來很多的掃把、鐵鏟、垃圾車，自動的打掃工廠四周的紙屑、火柴、菸蒂。試想，那些罷工的工人，正在要求加薪和承認工會之時，還在為工廠四周的環境著想，整理工廠四周的環境。這種情形，在美國勞資糾紛中實在是少有見到的。那次的罷工，在一個星期內和解結束，所有的不滿和怨恨都化解掉了。

人世間，太多人總怕自己吃虧，為了不吃虧或盡量少吃虧，他們凡事斤斤計較，處處較勁。即使是蠅頭小利，也會與人爭得面紅耳赤，吵鬧不休。若是不能占得便宜，就會永不停息的吵鬧下去，直到占了便宜，對方也做了讓步，他們才會心裡洋洋得意的停手。

孫院長是個雙鬢染雪的老者，一次在電梯裡有個身強力壯的歹徒用匕首頂著他的胸口逼他把錢交出來。孫院長看了看胸前的匕首，又看了看那個兇相畢露的年輕人，和善的說：「你缺錢花，不要採取這樣的方式，直接跟我說就行。你能把刀子收起來再和我說話嗎？」當歹徒繼續逼他，他微笑著打開隨身帶的小包，說：「我這裡有一萬元，你如果堅持要拿去，我也沒話說。但你用刀逼著我拿錢就算搶劫，這樣個行為會害你一輩子。」孫院長不驚不亂，鎮定自若，既表現對對方生活狀況的理解，營造能夠平等交流的氛圍；也表現出對持刀搶劫這種行為的不齒，沒有被對方的囂張氣焰嚇倒，並對歹徒曉以利害。見歹徒有所猶豫，孫院長掏出一張名片，對歹徒說：「不如這樣，我給你留張名片，你需要錢到我家裡去取。」

這一切，深深震撼了歹徒的心靈，使歹徒無地自容，匕首頹然落下。當電梯停下，孫院長見有人進來，悄悄撿起匕首放進自己包裡，隨後說：「年輕人，你有什麼難事，對我說，我一定會盡力幫助你的。」見年輕人一個勁哭泣，又拍拍他的肩膀說：「誰都有做錯事的時候，有錯不怕，改了就好。」年輕人淚水奪眶而出，表示「再也不幹這種缺德事了」。孫院長面對危險，用發自肺腑的一番話語和慈行善舉，不僅使自己化險為夷，而且還挽救了一個差點失足的青年。

在世為人是不能怕吃虧的，都怕吃虧，都想占便宜的話，那麼你去占誰便宜。當然，更不能損害他人的利益，以讓自己得到利益。做人的可貴之處，正是樂於小小的損己。自己主動吃點虧，往往能把棘手的事情做好，能把難處理的問題解決得妥妥當當。

有這樣一個典故：西漢時期，有一年過年前，皇帝一高興，賞賜給每個大臣一頭羊，但羊有大有小，有肥有瘦。在分羊時，負責分羊的大臣很為難，不知怎樣才能讓大家滿意。正當他束手無策時，一名大臣從人群中走出來，說：「這批羊很好分。」接著就牽了一頭最小最瘦的羊高高興興的回了家。眾大臣都紛紛仿效，不加挑剔的牽了一頭羊就走。一道難題迎刃而解了。這名大臣既得到了眾大臣的尊敬，又得到了皇帝的器重。對於這名大臣來說，當時的吃虧豈不正帶來後福嗎？

談話中，沒有人會對自己不感興趣的話題投入過多的熱情，而如果遇到自己感興趣的話題，他們常常會情緒激昂地參與進來。因此，在與對方談話時，我們就可以抓住對方的這種心理，從而實現進一步的交流。

這就是說話技巧，其實談話的技巧是很多的，並不是通用的，你在不同的場合注意使用合適的話語就可以了，不要死板的套用什麼模式。

第六章　學會巧妙地擺脫尷尬

生活在關係複雜的社會，與人交往或者溝通的過程中，常常會出現各種各樣的困境。雖然因微不足道的小誤會或意見分歧而產生摩擦的確是正常的，但倘若能夠靈活應變、巧用言語化解豈不更好？不管困境因何原因產生，你都可以憑藉舌綻蓮花的說話智慧來巧妙擺脫。

當眾失言時及時改口

日常生活中，每個人都會有說話不當的時候。面對這種情況，有些人能夠保持鎮定，有些人則會為此感到非常尷尬，最終導致一系列不好的後果。其實，遇到這種情況，最重要的就是處變不驚，積極尋找一些補救措施。而不是一味逃避。

在這個複雜的社會中，每個人都不可避免的會當眾失言。雖然失言有著各種各樣的原因，但它所造成的後果卻總是不可收拾，或貽笑大方，或糾紛四起……

西元一九七六年十月六日，美國舉辦了第二次總統辯論會，美國總統福特和候選人卡特參加了這次會議。在會上《紐約》記者佛朗提問了一些有關波蘭的問題，福特對此做了「波蘭並未受前蘇聯控制」的回答，並且還指出：前蘇聯強權控制東歐這一事情並不存在，他這樣的回答在辯論會上無疑是個很明顯的失誤，隨即便受到了記者的反駁。但記者佛朗在反駁時並沒有當眾說明福特的錯誤，而是用委婉的語氣，意圖要給福特一個改正的機會。他是這樣說的：「問起這件事情，我覺得很不好意思，但您的意思難道是在肯定前蘇聯尚未將東歐歸為其附屬國？換而言之，是說前蘇聯並沒有憑藉軍事力量壓制東歐各國？」

倘若福特是明智的，就應該承認自己的失言，但他並沒有這樣做。他認為自己是一國總統，如果面對這麼多人承認自己的錯誤，就是在貶低自己，於是他一錯再錯，最終付出了沉重的代價。可見，面對失言時採取何種態度是多麼重要。

一次，美國總統雷根訪問巴西。或許是因為年齡較大，加之旅途中過於疲勞，在歡迎會上，他脫口而出：女士們，先生們，今天，我能夠訪問玻利維亞，心情非常愉悅。這時，有人低聲提醒他說錯了，於是雷根忙改口說：很抱歉，我們在前段時間曾經訪問過玻利維亞，而事實是他未曾去過，但他在失言後懂得及時改口，已為自己解決人這個尷尬的處境，當那

些不明真相的人還沒反應過來時，他的口誤已經淹沒在後來的滔滔言語中了。

雷根這種及時加以掩的方法，在很大程度上避免了自己當眾出醜，不失為補救的有效手段。

人有失足，馬有失蹄。人失足了可以再站起來，馬失蹄了可以重新振作，而失言了則可以用妙語彌補。

在正式的交際場合發生失言的情況，這會讓每個人都感到非常尷尬。失言不僅會引起一些不必要的誤會兒產生不快，還有可能會被別人抓住把柄。從而喪失在交際中的主動地位。實際上，只要掌握一些說話的技巧，不僅能及時挽回因失言帶來的不良影響。或許還會產生一些出乎意料的特殊效果，下面就敘述幾種失言時的補救方法。

面對失言，應迅速引開錯誤之詞。以免在錯中繼續糾纏，不妨接著錯話說：「而正確的說法應該是……」或者說：「我對剛才說的那句話做以下補充……」

相信大家都知道「猶抱琵琶半遮面」的意境。被琵琶遮掩的半邊臉孔因為不為人所見，反倒給人留下了一種朦朧和含蓄美。同樣，面對失言，有時可以不必將道歉的話完全說出來，留下半句也能讓人擺脫難堪的窘境。比如，意識到自己說錯的時候，加上「真抱歉，我這脾氣……」或「對不起，我剛才……」等這樣的話，則會使雙方都心照不宣。你的錯誤在這種吞吞吐吐的情況下也就很容易得到他人的諒解。

在說錯的字、詞上，運用一詞多義的特點對其巧妙別解，從而形成另外一種解釋也是一個辦法。一次，一個女演員穿著一件黑絲緞製作的旗袍去參加一個舞會，很多人見到都讚不絕口，只有一個心直口快女士說了一句：這件旗袍穿起來人看起來老多了。「話剛一出口。這位女士便覺得失言，於是又能鎮定的說道」「真的，大街上那些穿這樣的旗袍的人都顯得老多了，而你卻依然那麼漂亮！」聽了這句話，女演員感覺特別高興。

當眾失言時，不妨將錯話移植到他人頭上。比如說：「這是某些人的觀點。我認為正確說法應該是……」這樣，自己的錯誤便得到了及時的糾正。

將錯就錯，巧語生輝

在某些場合，如果說錯了話馬上就改口，結果反而不好，有可能把錯話越說越多。如果因為說錯了話而陷入尷尬的境地，就索性順著錯處續說下去，自找台階，為自己也為對方打個圓場。以下的例子可以借鑑。

婚禮正在進行中，一位來賓給新人的祝福卻引起了一場軒然大波。當時，婚宴上的來賓都在爭先恐後的祝福這對新人。一位先生激動地說道：「……感情的世界時常需要潤滑，你們現在就好比一對舊機器……」話音未落，舉座譁然。這對新人的不滿之情溢於言表，因為他們是各自離異後又重新組合的一對，自然以為那位先生的「舊機器」之說隱含著譏諷。那位先生更是後悔不已——他的本意是將一對新人比作新機器，希望他們能夠少些摩擦，多些諒解，卻沒想到在脫口之間說錯了話。見此時改口反而不美，那位先生馬上又接了一句：「已過了磨合期。」見舉座稱妙，那位先生於是趁勢而上，繼而又充滿感情地說道：「新郎新娘，祝願你們永遠沐浴在愛的春風裡。」大廳裡一時掌聲雷動，一對新人早已笑若桃花。

在錯話說出口後，巧妙地將錯話繼續接下去，以達到糾錯目的。如此一來，便能夠在無意中改變說話的情境，使其他人不由自主的將思路轉移。情感也隨著說者的話語而調動起來。而在辯論中出現語言失誤，馬上巧釋詞義，也可以妙渡難關。

在一次智力競賽中，主持人提問「三綱」指什麼，一個女學生過於緊張，匆忙之間答道：「臣為君綱，子為父綱，妻為夫綱。」在哄堂大笑中，這個女學生意識到自己答倒了，於是接著說道：「笑什麼呀？我說的是新『三綱』。現在人民當家做主是主人，而總統是人民的選的，所以『臣為君綱』；當前一對夫婦只生一個孩子，孩子在家庭裡成了小皇帝，這就是『子為父綱』；如今許多家庭裡妻子的權力超過了丈夫，『妻管嚴』、『模範丈夫』流行，這就是

『妻為夫綱』。」「三綱」被她賦予了新的含義，滿堂的嘲笑於是變成了熱烈的掌聲。

被誤會，或者被汙衊，申辯爭吵往往無濟於事。將錯就錯，巧釋對方的詞義，往往可以很快平息風波。

某學校舉辦作文競賽，一個獲一等獎的學生小麗在頒獎大會上宣讀作文。就在她滿懷激情地朗讀作文的時候，忽然有人高喊了一聲：「抄的！」在同學們的交頭接耳中，小麗卻大聲宣布：「是抄的！」全場譁然！作文朗讀也停了下來。老師一驚，低聲卻又不乏嚴肅的對小麗說道：「作文比賽是一項嚴肅的活動，不允許任何弄虛作假的行為。假如你的文章是抄的，核實後將取消得獎資格。」

聲音雖小，但全場又是一陣騷動。這時，小麗卻坦然地說：「請允許我把話說完。我說的抄，是經過自己深思熟慮打好大綱之後，再抄到草稿紙上加以潤飾，最後再定稿抄到規定的稿紙上。我抄的正是我自己獨特的思想，難道這種『抄』不對嗎？」

一陣靜默之後，全場響起了熱烈的掌聲。

一次，季羨林教授的祕書問他：「季老，你為什麼不想想，自己是不是保守了一些呢？」季老一仰脖子便道：「老傢伙嘛，有些頑固不也是正常的嗎？」季羨林有意使用了與「保守」近義的概念「頑固」來作辯解，自嘲中顯得從容而風趣。

這種自辯形式，其特點是利用近義語詞的外延和內涵、褒貶色彩的不同，來作出對自己有利的肯定或否定的判斷。

中國學者啟功先生曾寫過一些對京劇看法別具一格的文章，一位友人詰問他：「你在文章中似乎對京劇很不以為然，這是為什麼？」啟功聽罷，辯解道：「不是這麼一回事。我是說，清末時期，許多貴族子弟生活腐朽，無所事事，在無聊中愛上了梨園這行。他們粉墨登場、裝腔作勢，那能不覺得醜惡和噁心嗎？至於京劇本身，那是藝術——美的藝術，人家演員是正經的藝術家，我有什麼可反感的！」

啟功先生對他人的誤解從兩方面作了說明：貴族弟子的「京劇」是醜惡的，而藝術家的京劇卻是美的。這種利用「兩分法」，對事物作條分縷析的解剖，以澄清誤解的自我辯護，可稱做以兩分法自作解析，其特點是，利用對立統一規律的辯證方法，對一些自己不以為然的論點進行解析，分清事理，理清事實，達到進一步闡明觀點的目的。

作家林清玄曾以「道德楷模」著稱於世，後來卻突然發生婚變，引得輿論一片譁然。有記者就這一問題提出詰難時，林清玄自我辯解道：「婚變主要來自因緣的變化，這是沒法控制的事。一般人離婚別人不會太過關注，而許多名人屈從於社會壓力，活在婚姻不調的痛苦中。我不過是忠實於自己的感情罷了，當對生命有了一個重大的選擇機會時，也就敢於頂住壓力重新選擇感情了。」

這裡的「因緣之變」「忠於情感」云云，既抽象又空泛，它避開了具體的內容，在自嘲中增添了詭辯意味，在自解中增加了些許無奈，雖然未免空泛，卻不失為一種別具一格的自辯方式。這種以模糊概念來替代具體解釋、說明，且極有諧趣的方式，可稱做以別解法自我解嘲，其特點是辯解者所依託的理據比較抽象、籠統和含糊，因此自由發揮、辯論的空間也較廣闊；尤其是有些概念或語詞本身就具有不確定性，因而也為自由發揮提供了廣闊空間，其自我解嘲、解困的味道也更濃厚。

美國某血液研究小組組長查利·德魯，提出了一個用兩年時間完成一項血液研究的計劃，不料，卻遭到另一成員約翰的反對，對其責難道：「你太性急了，這項研究可不是朝夕之功，應當慢慢來。」德魯卻辯解道：「約翰，你一定忘了吧，我可是個短跑選手，在大學還得過名次；所以，這回我還想跑第一！」

雖然德魯沒有具體為自己的血液研究計畫辯解，卻抓住對方主張中的「慢慢來」，反其道而行之，利用與之形成鮮明對比的詞語「短跑選手」「跑第一」為自己辯護；這種形式，我們不妨稱做以對比法自得其樂。它的特點是：利用與對方觀點相互矛盾或對比鮮明的概念或詞語，加以發揮，從而駁斥他人論點，使自己立於不敗之地。

日本明治維新時期，聞名的改革派先驅者坂本龍馬講課給眾人聽，不料西鄉隆盛卻向他質問道：「前天，我遇到你的時候，你的講話和今天講的並不一樣。作為一介名士，應當有不變的信念才是啊。」坂本回答道：「不，不是這樣的。孔子說，『君子從時』，時間在不停流轉，社會情勢也是天天在變化，昨天的『是』成為今天的『非』是理所當然的事。我們順『時』而行，才是行君子之道啊。如果你總是從頭到尾的遵守一條道理到死，將來一定會變成時代的落伍者。」

對於西鄉的詰難，坂本採取了引證古人的話，並用闡釋、發揮的方式，從而對「變化無常」的責難作了有力自辯，這種方式，可稱做以引證法自由發揮，其特點是：從名人名言中截取對自己有利的隻言片語，加以步步深入的闡述和發揮，從而達到為自己觀點辯護的目的。

眾所周知的二戰巨頭邱吉爾，曾要求巴頓將軍擔任亞洲的司令官，巴頓對此頗感意外，因而有些猶豫，想推辭。邱吉爾卻詰難道：「怎麼，難道你以為自己不能承擔此任嗎？」巴頓辯解道：「尊敬的爵士，你知道，我的毛病就在於生來就過於相信自己能夠承擔世界上的任何工作，所以才像顆棋子被擺來擺去。」

巴頓的回答兼誇張、比喻為一體，顯然是一句反話、一種反譏，也是一種藉口。這種辯解，我們可稱做以譏嘲法自張聲勢，其特點是，利用反唇相譏或冷嘲熱諷的方式，為自己進

行辯解、推託，使對方難以置喙。

適當自嘲，挽回自己面子

第二次世界大戰期間，邱吉爾來到華盛頓拜訪美國總統富蘭克林·羅斯福，要求美國一起對抗德國法西斯，並給予物資援助。邱吉爾來到美國後受到了熱情接待，被安排住進了白宮。一天晚上，邱吉爾洗完澡，在浴室裡正光著身子踱步時，有人敲浴室的門。「進來吧。」邱吉爾隨口喊道。門一打開，站在門口的是美國總統羅斯福。當他看到邱吉爾一絲不掛時，覺得非常尷尬，便轉身想退出去。「進來吧，總統先生，」邱吉爾伸出雙臂，大聲說道：「大不列顛首相是沒有什麼東西需要對美國總統隱瞞的。」說完後兩人都笑了起來。

最終這次談判獲得了成功，英國得到了美國的援助。我們能夠看出，邱吉爾的那句話，或許對談判不無作用！

梁輝在搬家時，通知了幾位要好的朋友，因為他們在先前就知道了梁輝要搬家的消息，想瞞也是瞞不住的。除此之外，梁輝不想再驚動其他人。然而，就在慶祝喬遷之喜的酬客宴會之際，和梁輝同在一個辦公室的老張敲門進來了。一時間，梁輝顯得非常尷尬，因為昨天老張問他時，他還說搬家為時尚早呢。老張看出了梁輝的尷尬，便裝作一副很輕鬆的樣子，對眾人說了一句很幽默的話：「小梁邀請我來的時候，告訴我說：你只需用手肘按門鈴就得了。我問他：為什麼非用手肘去按不行？他說：你總不至於空手來吧？」老張的這句話將一屋子的人說得笑了起來，同時也消除了尷尬的氣氛。這時大家連忙給他讓座，梁輝也解除了忐忑之心而盛情款待。

這個故事讓我們知道，一句幽默話能夠化解冰冷，讓幽默在頗富人情味的輕鬆調侃中迅速達成彼此的溝通，比坦然應變更顯得技高一籌。

在面對尷尬場面時，能夠幽默的將其化解，是智慧的表現。它會使雙方的距離更貼近，更有默契，辦事也就不再困難了。

有一次，劉楊的一個朋友到家裡來聊天。兩人在客廳裡天南地北的聊著，不知不覺用餐的時間已經到了。小劉五歲的小兒子跑了進來，趴在劉楊的肩膀上說悄悄話。劉楊聊得正高興，很不耐煩的訓斥兒子：「沒禮貌！當著客人的面說什麼悄悄話？有話快說！」小兒子順從的大聲說：「媽媽叫我告訴你，家裡沒有菜，不要留客人吃飯。」一時之間兩個大人都愣住了，多麼尷尬的局面啊！怎麼解釋呢？小劉腦筋一轉，伸出手來，在兒子的小腦袋上輕輕打了一下，然後說：「小笨蛋！我不是告訴過你了？只有在喜歡賭錢、吹牛的叔叔來的時候，才要跑出來說這句話嗎？你怎麼弄錯了？」

在面對尷尬局面時，如果缺乏鎮靜，大驚失色，手足無措，只會亂上添亂。所以，遇到這樣的場合，首先要做的就是保持鎮靜，冷靜觀察局勢，然後隨機應變，機智巧妙的應付尷尬。

在現實生活中，人們所掌握的知識總是有限的，不可能什麼都知曉，倘若遇到對方提出的一時難以解釋的問題，可以巧妙的抓住對方話題中的空隙機智應答，走出困境。

一個實習導遊生帶著旅遊團到古城揚州參觀。當她向大家介紹揚州曾經有著輝煌文明的歷史的時候，有遊客問：「有什麼大人物誕生在這座城市？」導遊一下子愣住了，因為她也不知道。眾多遊客都圍了過來，也想瞭解一下。導遊見狀，機敏地說：「先生，這個城市裡誕生的都是嬰兒啊。」旅遊團的成員們聽後頓時哈哈大笑。

作為一個剛從旅遊學校畢業的學生，帶領遊客參觀古城，卻連古城歷史上有哪些名人都不知道，這本來是一件很難堪的事情。倘若直接告訴對方不知道，這也會讓導遊十分尷尬，連帶著面的解說也將缺少說服力。在這裡，這位導遊巧妙的偷梁換柱，運用了誕生的「歧義」，轉移了話題：把「誕生了哪些名人」轉移到「誕生的是什麼」上。雖然導遊的答案似是而非，但大家都清楚這只是個玩笑，於是樂在其中，尷尬場面也隨之化解。

可見遇到一些無法回答的難題時，不妨來個「動腦筋，急轉彎」，轉移對方視線，分散對方的注意力，打破尷尬的場面，走出尷尬的境地。

有一位著名的指揮家一次應邀到一所國中講解音樂理論知識。在開始時，這位指揮家滿嘴專業術語，學生們越聽越糊塗。其中一位男生果斷的向他遞了一張紙條，紙條上說請他換一種一般人能聽得懂的方式講解。這位指揮家感到很尷尬，他隨即站起來，先向那位男生表示了歉意，然後問大家是不是有這樣的要求？「有！」許多學生立刻舉起了手，他誠懇的說道：「可是，這對我卻是一件很麻煩的事，因為我得暫時拋開手邊的這份資料。這當然也不能怪同學們，我現在就試著換一種方式講解吧，如果講得不夠有條理，希望同學們給予諒解。」他的這番坦誠說明贏得了一片掌聲。

面對尷尬，假如這位指揮家不能坦然應變，那麼事情只會變得更加糟糕。事後師生們在一起交談，對這位指揮家所表現出來的坦誠態度及良好的風度深表敬佩。

妙語助你掙脫尷尬困境

在辯論中常常可以仿造對方說話的內容或思路，擬造一個與對方話語結構相同但意義與攻擊方向卻相反的例子來對付對方，以其人之道還治其人之身。這種說話的思路主要是利用事物之間存在著一種環環相扣的必然條件聯繫，甲現象必然與乙現象有關，乙現象又必然會引出丙現象，在一系列環環相扣條件下，透過第一個條件可以得出另外一個意義相反的條件，用以制服對手。

明朝時，南昌寧王朱宸濠自恃是皇族後裔，一天到晚只知道吃喝玩樂。有一次，他的一隻掛著有「御賜」金牌的丹頂鶴獨自跑到街上，被一條狗咬死了。朱宸濠氣得暴跳如雷，怒氣沖天的說：「我這丹頂鶴是皇上賜的，脖子上掛著『御賜』金牌，誰家野狗竟敢欺君犯上，這還了得！」當下，他命令家奴把狗的主人捆綁起來，送交南昌知府治罪，給他的丹頂鶴抵命。

當時南昌知府名叫祝瀚，對寧王的胡作非為很是不滿。他對寧王府的管家說：「既然此案交我處理，請寫個訴狀來。」管家耐著性子，寫了個訴狀。祝瀚接過訴狀，立即命令衙役捉拿兇手歸案。管家連忙說：「人已抓到，就在堂下。」祝瀚故作驚訝的說：「狀紙上明明寫著兇犯乃是一條狗，本府今日要審狗，你抓人來幹什麼？」管家氣急敗壞的說：「那狗不通人言，豈能大堂審問？」祝瀚笑著說：「貴管家不必生氣，我想只要把訴狀放在牠面前，牠看後低頭認罪，也就可以定案了。」這時，管家跳起來說：「你這個昏官，走遍天下可有

哪一條狗是識字的呢？」祝瀚嚴肅的說：「如果狗不識字，牠也就不能認識鶴脖子上的金牌；如果狗不認識鶴脖子上的金牌，也就談不上什麼欺君犯上；如果狗不是欺君犯上，就不能處罰狗的主人。」這幾句話把管家說得啞口無言，只好作罷。

在這則對話中，祝瀚利用「狗不識字談不上欺君犯上」，所以不能治其主人的罪，把條件一層層分析透徹，最後辯倒管家。在這個過程中，祝瀚只是反向的利用了管家的觀點，仿擬他的思路而展開的。

在運用仿擬這一思路反駁時，我們可以不去考慮所使用的表述結構是否正確，是否有效，只要與論敵的表述結構相同，就能夠得到對方的認同，收到絕好的反擊效果。因為仿擬只在於「破」，而不在於建立自己的論說體系。

有一個小孩在麵包店買了二十元的麵包，他覺得麵包比往常買的要小得多，便對老闆說：「你不覺得這塊麵包比往常的要小一些嗎？」「哦，沒關係。」老闆回答道，「小一些，你拿起來就輕便些。」「我懂了。」男孩說著，就把十元放在櫃台上。正當他要走出店門時，老闆叫住他說：「喂，你還沒付足麵包錢呢。」「哦，沒關係。」小孩有禮貌地說，「少一些，你數起來就容易些。」

在上述對話中，小孩並沒有直接說出老闆的回答是強詞奪理，而是不動聲色地以對方的思路為己所用，用對方的方法攻擊對方，做到了以牙還牙。

替人解圍，就是要我們主動去幫助他人，讓他在眾人面前順利說話，這樣對方會非常感激我們。下次當我們處於同樣處境的時候，他也會幫助我們，正是與人方便，與己也方便。

那麼，我們怎樣做到主動出擊，替人解圍呢？

有時候對方陷入談話困境後，並不是想硬撐下去，而是苦於沒有台階可以下。如果我們能及時巧妙地給對方一個可撤退的話題，讓對方順著這個話題撤退出去，對方就能免去尷尬，並在心裡感激我們，還能加深彼此的友誼。

一天，商場來了一位男顧客，要求退回昨天剛買的一雙皮鞋。按照商場的規定，售出的皮鞋，在一週之內可以退換。那位男顧客對年輕的女店員說：「這雙皮鞋是昨天買的，當時我的老婆沒陪我來，我覺得大小合適就買了。可是買回去一試，才發現這雙皮鞋小了一點，而且她昨天也正好買了一雙給我，因此我想把這雙鞋退了。」女店員仔細地檢查了一下皮鞋，發現這雙皮鞋並不是這裡售出的，而是一雙仿製的皮鞋，於是就跟那位男顧客說：「這雙皮鞋不是我們販售的，而且是仿製品，我們不能退換。」那位男顧客顯得很憤怒，且出言不遜，還發誓說就是在這裡買的。雙方發生了爭吵，引來了許多顧客圍觀。

這時，商場經理聞訊起來，他仔細檢查了這雙皮鞋，認定這雙皮鞋確實是假貨。他意識

到事態的嚴重性，商場一向是不出售假貨的，但是這事若處理不好，圍觀的人這麼多，一定會影響到商場的聲譽。他想向顧客直接說明這一點，但是考慮到那位顧客在眾多人的面前，是不會輕易認錯的。他想了想，對那位顧客說：「我想知道，你們家裡是不是有一雙與它相像的皮鞋，您有可能拿錯了。我們這裡曾經有過這種情況，有顧客要求換鞋，但他卻不小心拿錯帶來一雙穿過好多天的皮鞋，或許您也遇到了這種情況。您看，真皮與假皮仔細比較，還是能分辨出來的。」說著，他隨手從貨架上拿起一雙皮鞋，比給那位顧客看。然後又說：「我們這裡的貨源都是有保證的，還從沒出現過類似的情況。」那位顧客看了看，知道自己弄巧成拙了，原來想拿一雙假皮鞋騙點錢，但在無可爭辯的事實面前，他又不好狡辯，而且商場經理正好給了他一個台階下，於是就說：「想必是弄錯了，我回去問問，如果沒有弄錯，我再來找你們。」說完，收起那雙假皮鞋就走了。

商場經理巧妙的給對方留了個台階，虛構了一個類似的故事，既維護了商場的榮譽，又保全了顧客的面子。如果商場經理針鋒相對的指出了顧客想要詐騙，顧客可能要大吵大鬧，無形之中就會對商場的形象造成損害。

當對方在談話中陷入困境後，我們可以適時給對方一個藉口，讓其趁勢撤出去。這樣的藉口很好找，但必須要巧妙些。

喬云和孫裕常常為某些事爭論不休，平常他們都很理智，情緒穩定。可是有一天，兩人為了一件事又吵翻了，孫裕指責喬云做法不對，而喬云卻指責孫裕不該干涉他的處世方法。後來，喬云的情緒越來越糟，對著孫裕的指責聲音越來越大。這時，孫裕也覺得自己錯了，不該對喬云的處世方法有所干涉，那不就等於干涉他人的私事，但話已出口，也無法收回，只好老是重複著一句話：「就是你不對。」雖然嘴上不停地說著，但他也感到自己理屈詞窮。這一切旁邊的馬利都看在眼裡，恰好這時，孫裕的妻子來找他，馬利就說：「孫裕啊，你怎麼還在那兒說話呢，你太太在外面等好久了，我看你今晚是不想吃飯了。」孫裕一聽馬利的話，眼前一亮，佯裝責怪馬利不早點告訴他說：「你怎麼不早說，我老婆最討厭等人了，我得趕快走了。」說著，拿起公事包就走了。這時的喬云，也覺得自己占了上風，得饒人處且饒人，以後也就再沒提起過這次的爭端，大家依然和好如初。

一般情況下，打斷他人講話是不禮貌的，但在某些特殊的情況下，打斷他人講話，卻是在幫他的忙。尤其是當他人正在因為某個話題陷入困境的時候，如果我們適當的插入，不僅不會引起他的反感，還可以替他人解圍。

一天，江燁和朱芹因為一件事，互相吵起來，正當他們爭執不休的時候，旁邊的劉華，突然像想起什麼事似的，大聲說：「哎呀，我差點忘了！」江燁和朱芹不自覺的都停了下來

問：「什麼事大驚小怪的？」劉華說：「明天桌球賽幾點開始，別讓我又遲到了。」江燁說：「我還以為是什麼大事，明天下午三點在俱樂部開始。」說完這句話，江燁也覺察到，自己和朱芹的爭吵也不是什麼大事，幹嘛非要爭個你死我活呢？想到這兒，也就不和朱芹接著爭論剛才的話題了，而朱芹見江燁沒說話，也覺得沒有必要重提那個令人煩惱的話題，就這樣，江燁和朱芹的爭吵結束了。

在這裡，由於劉華的插話，江燁和朱芹中斷了爭吵，又因為江燁回答劉華的問話，無意中說出「不是什麼大事，何必驚慌」的意思，觸動了自己為了小事和他人爭吵也同樣是沒有意思的想法。在這個停頓的時間裡，雙方反思了自己的行為，都不願再提讓自己無法脫身的話題。

我們平常都有曾有過這樣的感覺，當我們講述一個問題的時候，如果發展到激烈的爭論，就誰也沒有足夠的時間把自己的意思表達完整。因為對方總喜歡在自己一句話還沒說完時就插話，講述他的道理。也有的人聽明白了對方的意思，卻急著表述自己的觀點，非要讓對方接受自己的觀點不可，這時就需要有人巧妙的解圍，給雙方一個台階下。「替他人圓場」就是指由他人將爭論雙方的觀點表達出來，透過中間人，讓雙方心甘情願的接受對方的觀點，以達到解圍的目的。

李盈和湯斌在同一家公司工作，為了策劃一次會議，他們各執己見。兩人都認為自己的意見好，試圖說服對方。一開始，他們還用商量的口氣說話，到後來就變成爭論了，誰也不肯讓步，誰也說服不了誰，好像不證明自己的比對方的好，就不肯善罷甘休。坐在旁邊的葉靚，一直聽他們在爭論，一看形勢不妙，就湊過來說：「你們都先聽我說，我看你們吵來吵去，就是沒弄清對方的意思。」接下來，葉靚分析了雙方看法的優點和盲點，李盈和湯斌也都點頭稱是。分析完了之後，葉靚說：「我看這事好解決，互相截長補短。」最後，大家達成了一致意見。

我們可以看到，如果要李盈和湯斌直接承認對方看法的合理性，似乎是做不到的，那樣的話，他們各自都會覺得低人一等。透過葉靚的分析，雙方都會在心裡想：「我有錯，你的見解也不一定對。」這樣就容易接受對方了。因此，我們在為他人解圍時，可以採用替人圓場的方式。

真誠致歉得諒解

著名的軍事家孫子說過這麼一句話：「過也，人皆見之；更之，人皆仰之。」每個人都

不可避免的會做錯一些事情。做錯了事情並不可怕，只要能夠改正錯誤，及時向他人道歉，還是會得到別人的諒解的。

與人交往，難免說錯話，做錯事，也就難免得罪人，有時甚至會給人家帶來精神上的巨大痛苦和經濟上的巨大損失。對此，若是能及時認識到自己的錯誤，誠懇的向人家道歉，並主動承擔責任，一般情況下，是能得到別人原諒的。倘若你發現自己錯了，卻不及時向別人道歉，甚至千方百計找藉口為自己辯解，其結果不僅得不到別人的諒解，相反的還會受到道德上的譴責和人格、形象上的損害，使你失去朋友、失去友誼。因此，任何人都不要小看了道歉的作用。所以，向別人真誠的道歉，是一個明智之人的明智之舉。這就意味著，他要改正自己的錯誤。但是，道歉也要注意方式，道歉一定要誠懇，語氣一定要真誠，否則就起不到道歉的效果。

在第二次世界大戰中，德國和日本都對世界人民犯下了滔天的罪行，但是他們的道歉卻引來不同的結果。德國的納粹組織曾經殺死了歐洲許多無辜的人民。全世界的人們一提到納粹無不露出憤怒的神色，忍不住要破口大罵起來。但是德國人用自己的真誠化解了這些仇恨。西元一九七〇年，德國時任總理布蘭特，在華沙猶太殉難者紀念碑前，出人意料的雙膝下跪，沉痛謝罪，贏得了人們的尊重；前任總理施若德，也面對華沙起義死難者紀念牆深深鞠躬，表達了對當年納粹暴行的羞愧和道歉。最近，德國政府又在柏林市中心，當年希特勒自殺的遺址附近，建造了占地兩萬平方公尺的大屠殺紀念碑林，旨在紀念六百萬在二戰中死難的猶太人，再一次向世界表明「不忘歷史」的決心。德國人深刻反省的態度，得到了歐洲人民的寬恕和諒解。

德國前總理施若德還告誡所有德國公民一定要認識到，納粹分子的暴行讓許多國家深受其害，德國民眾必須向他們真誠的道歉。並強調說：「納粹暴行給德國留下了不光彩的一頁，我們必須懺悔，不能再讓歷史重演！」施若德真誠的道歉讓德國和周圍的鄰國相處越來越融洽，並且世界各國也紛紛與德國建交，德國因此贏得了國際上更多的朋友。

美國總統華盛頓有一次就是以真誠的道歉贏得了別人的尊重。西元一七五四年，華盛頓還是一位上校，率領部下駐守在亞歷山大里亞。有一次選舉維吉尼亞州議會議員時，一名叫威廉佩恩的人反對華盛頓所支持的候選人。據說，華盛頓與佩恩在關於選舉問題的某一點上發生了激烈的爭論，他說了一些冒犯佩恩的話。佩恩把華盛頓一拳打倒在地，華盛頓的部下馬上趕了過來，準備替他們的長官報仇。華盛頓當場阻止，並勸他們返回營地。

第二天一早，華盛頓遞給佩恩一張便條，要求他盡快到當地的一家小酒店去。佩恩如約到來，他是準備來進行一場決鬥的，令他感到驚奇的是，他看到的不是手槍而是酒杯。華盛

頓說：「佩恩先生，犯錯誤乃人之常情，糾正錯誤是件光榮的事情。我相信昨天我也有不對的，但你也已經在某種程度上得到了滿足。如果你認為此事到此可以解決的話，那麼請握我的手——讓我們交個朋友吧。」從此以後，佩恩便成了一個熱烈擁護華盛頓的人。

美國公關專家蘇珊亞曾說：「學會道歉是一個重要的社會技能，真誠的道歉將會使人們感受到人與人之間最美好的情感。」所以，我們要學會真誠的向別人道歉。那麼怎樣才能做到真誠的道歉呢？應該做到以下幾點：

首先，要有一個正確的態度。只有態度誠懇，人們才會接受你的道歉。如果你只是迫不得已，敷衍了事，那麼道歉就不會起到好的效果。語氣一定要真摯，在道歉的時候，一定要用真摯的語氣和態度。只有這樣，才能夠得到別人的諒解。一位學者曾經說過：「在我最初的記憶中，母親對我講過，在向人道歉的時候，眼睛不要看著地上，要抬起頭，看著對方的眼睛。這樣對方才相信你是真誠的。」道歉必須直率，要有誠意，能夠坦率地說：「對不起，我錯了，請原諒！」

其次，道歉要堂堂正正，不能扭扭捏捏。道歉是一種光明正大的事情，所以沒必要躲躲閃閃。但是也沒必要誇大其詞，一味的責怪自己的不是，這樣別人不僅感受不到你的真誠，反而會覺得你很虛偽。

再者，道歉一定要及時。即使不能夠馬上道歉，日後也要找準時機及時表示自己的歉意。及時道歉，可以在很大程度上彌補自己言行不當而帶來的不良後果。

道歉，是要向對方表達出我們內心深處真誠的歉意。但是歉意的表達並不是僅僅一句「對不起」就能了結的，首先最重要的是要真誠，要有承擔責任的誠心和勇氣。道歉不僅不是一件丟臉的事情，真誠的道歉，會更能體現一個人良好的人品與修養。

上級作為一個部門的領導人，有一定的權威和尊嚴。所以，在和上級講話的時候要注意給上級留面子，維護其的尊嚴，這樣才能夠和上級更好的溝通。

王羽這幾天對自己的部長很不滿意，到處找人發牢騷。原來別的部門要從王羽所在的部門調一個人過去，王羽很想換一個部門試一下身手，而且那個部門是做技術的，王羽正好有這方面的特長。於是在部長向員工徵詢意見的時候，王羽就主動向部長表示自己願意過去。但是部長好像根本就沒有注意到她，最後反而讓別人去了。更讓王羽鬱悶的是，過去的人對於技術根本一竅不通。

王羽為什麼沒有能夠如願以償呢？仔細分析起來，是她與上司交流的方式有問題。作為一名下屬，這樣迫不及待的直接向上司要求去另外一個部門，作為上司會感到很沒有面子，「難道你就這麼不願意待在我的部門裡嗎？」他自然就不會順順利利地讓王羽去了，就算換

作別人，估計也不會讓王羽就這麼去別的部門工作。

如果王羽能夠換個方式，找個沒有旁人在場的時候和上司好好談談，向他表示：「我很不願意離開這個部門，我很想繼續被您領導。但是我覺得自己對於那個工作是一個比較合適的人選，如果讓我過去試試，我一定會很感謝上司您對我的栽培。」相信這樣部長會很樂意讓王羽過去的，這樣也不會傷和氣。部長得面子，你得償所願，雙方皆大歡喜。所以，在和上級交流時給上級留面子是很必要的。和王羽比起來，宋先生做得就很好。

宋先生在一家比較知名的企業擔任總經理助理，他的上司賀總經理是技術人員出身。由於長期在研究開發領域工作，賀總對於企業管理是一知半解，知之甚少。出於對技術的鍾情，賀總總是喜歡直接插手技術部門的事，把管理的層級體系搞得亂七八糟，屬下表面上不好說什麼，但私下裡無不怨聲載道，讓宋先生感到與其他部門溝通協調備感吃力。

經過思考，宋先生決定向賀總提出意見。他對賀總說：「真正意義上的領導權威包含著技術權威和管理權威兩個層面，賀總您的技術權威已經牢固的樹立起來了，但是管理權威則還有些薄弱，可能還需要加強。」賀總聽後，若有所思。

宋先生巧妙的規勸了自己的頂頭上司，結果獲得了成功。後來，賀總果然越來越多的把時間用在人事、行銷、財務的管理上，企業的不穩定因素得到了有效控制，公司營運也進入了高速發展的局勢，宋先生的各項工作也順風順水，漸入佳境。

自圓其說，為自己開脫

在我們的正常認知中，說話本應準確、清楚，但在語言的實際運用中，許多話是不必說得過於清楚的。具有一定的含蓄性，反而能讓語言表達更有魅力。

一間公司的職員到經理家請求主管幫忙辦事，經理夫人熱情招待，很有禮貌的端水果倒茶。這位職員辦完事後，竟然在經理家與經理高談闊論起來。天色已經很晚了，經理的孩子還要早點休息，夫人也很疲倦了。但是，客人此時說得正盡興，也不好直接請客人出門，怎麼辦呢？經理夫人便到廚房收拾了一下家務，然後回到房間對丈夫說：「人家這麼晚來找你，你快點替人家想個辦法解決，別讓人家總這樣等著。」然後又對客人說：「您再喝杯茶吧。」這位職員聽到經理夫人的話，很識趣的聽出了經理夫人的弦外之音，馬上告辭離開了。

經理夫人將自己的意思曲折地表達出來，既尊重了客人，不至於讓客人難堪，又不需直接說出自己的想法。表面上她是在為客人說話，替客人想辦法，但實際卻在傳達另一個含義。這種因情因勢的表達，語言得體，又達到了自己的目的。

拒絕別人或被別人拒絕，是我們每天都可能經歷的事情。這是人生中的非常真實的一面，誰都會遇到這樣的經歷，朋友、同事，甚至上司來找你幫忙，但有時他們所提出的要求是你沒有能力或不願意去做的，此時，我們就要學會拒絕他們的請求。其實，拒絕別人與被拒絕有如家常便飯。人生就是不斷地說服他人，以尋求合作的過程；反過來也可以說，人生是不斷遭到拒絕和拒絕他人的過程。

甘羅的爺爺是秦朝的宰相。一天，甘羅看見爺爺在後花園走來走去，不停的唉聲嘆氣。「爺爺，您遇到什麼麻煩了？」甘羅問。「唉，孩子呀，大王不知聽了誰的挑唆，要吃公雞下的蛋，命令滿朝文武去找，要是三天內找不到，大家都得受罰。」爺爺垂頭喪氣的說。「秦王太不講理了。」甘羅氣呼呼的說。突然他眼睛一眨，想了個主意，說：「不過，爺爺您別急，我有辦法，明天我替您上朝好了。」

第二天早上，甘羅真替爺爺上朝了。他不慌不忙的走進宮殿，向秦王施禮。秦王很不高興的問道：「小孩子來這裡幹什麼？你爺爺呢？」甘羅不急不慌地說：「大王，我爺爺今天來不了啦。他正在家生孩子呢，拜託我替他上朝來了。」秦王聽了哈哈大笑：「你這孩子簡直是胡言亂語！男人哪能生孩子？」甘羅趁機說道：「既然大王知道男人不能生孩子，那公雞怎麼能下蛋呢？」

甘羅就是利用將錯就錯的否定方法，沒有直接揭露秦王的荒誕，而是引出一個更為錯誤的結論，讓秦王自己去攻破自己的觀點，並在巧妙的回答中暗示其荒謬性。

在拒絕他人時，我們有時會覺得不便說「不」，便隨便找些理由來暫時搪塞對方，以求得一時的解脫。但這個方法並不高明，因為對方仍可能會找理由與你糾纏下去，直到你答應為止。比如你不想答應幫他做事，推託說：「今天我沒有時間。」他可能會說：「那沒有關係，你明天再幫我做好了，事情就拜託你了。」此時，你可能很難再用其他藉口推辭了。

要記住，你不是神仙，並不能呼風喚雨，有求必應，該拒絕的，就必須要拒絕。如果不好意思當場拒絕，輕易承諾了自己不能、不願或不必履行的職責，事辦不成，以後你會更加難堪。

陶行知在大學獲得文科第一名的成績後，於一九一四年赴美國留學，並在獲得博士學位後於一九一七年回國。回國後，陶行知在師範學校擔任教務主任。一次，學校招考新生，政府的一位高官的兩位公子也來報考。但是，這兩位公子從不認真讀書，每天只是吃喝玩樂，屬於不學無術的花花公子，結果自然是因為成績差而未被錄取。於是，這位高官便給陶行知打電話，要求陶行知「通融」一下。結果，陶行知婉言拒絕了。

第二天，高級官員便派自己的祕書親自找陶行知當面求情。陶行知鄭重的告訴來者：「敝

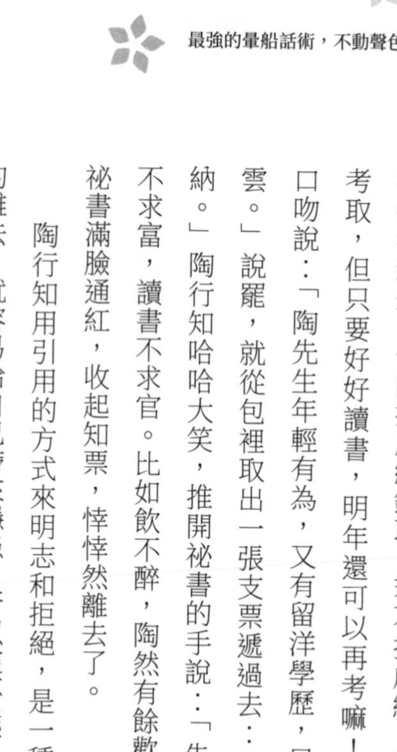

校招考新生，一向按成績錄取，若不按成績，就失去了錄取新生的準則。兩位公子今年雖未考取，但只要好好讀書，明年還可以再考嘛！」祕書見陶行知毫無通融之意，便以利誘的口吻說：「陶先生年輕有為，又有留洋學歷，只要在這件事上給個面子，今後一定能平步青雲。」說罷，就從包裡取出一張支票遞過去：「這是我們部長的一點小意思，希望陶先生笑納。」陶行知哈哈大笑，推開祕書的手說：「先生，我背一首蘇東坡的詩給你聽吧：『治學不求富，讀書不求官。比如飲不醉，陶然有餘歡。』請你回覆你的部長，恕行知未能從命。」祕書滿臉通紅，收起知票，悻悻然離去了。

陶行知用引用的方式來明志和拒絕，是一種比較有效的拒絕方法。但是，讓祕書不愉快的離去，就容易給自己帶來隱患，所以這不能算是高明的拒絕方法。

對方想轉讓給你一件東西，你不想要，卻推託說：「我現在錢不夠。」那麼對方有可能會說：「錢以後再說好了。」結果可能就輕易就把你應付過去了。或者你不願意與某個人跳舞，推說：「我跳得不好。」那麼他可能會說：「沒關係，我會慢慢帶著你跳好的。」因為這些都是小小的謊言，一被反駁，你肯定會感到慌亂，說「不」的意志便很難堅持了。實際上，對付這種情況你倒不如直截了當的用較單純的理由明確告訴對方：「你要求的這件事我辦不到，請你原諒。」「這件東西我不太喜歡，很抱歉我不能接受。」「我已經另約了舞伴，不能跟你跳，對不起。」等等。這樣拒絕雖然聽起來有些生硬，但理由卻單純簡潔，不再給對方以可乘之機，且可免除後患。

晚清軍閥吳佩孚的勢力日漸強大，成為權傾一方的實力人物。一天，他的一位同鄉來投靠他，想託他找個職缺做。吳佩孚知道那位同鄉才能平平，但礙於情面，還是給他安排了一個上校副官的閒職。不久，那位同鄉嫌棄官微職小，再次請求想當個縣長，要求派往河南。吳佩孚聽了，便在他的申請書上批了「豫民何辜」四個大字，斷絕了他的念頭。誰知過了一段時間，那人又請求調任旅長，並在申請書上說：「我願率一旅之師，討平兩廣，將來班師凱旋，一定解甲歸田，以種樹自娛。」看到同鄉的要求，吳佩孚簡直又好氣又好笑，於是提筆批了「先種樹再說」五個大字。

事實上，拒絕他人本就是一件傷感情、導致尷尬局面的事情，但如果我們能在生活中注意話語的含蓄和否定的技巧，是完全能避免這些情況發生的，從而讓生硬的否定變成一副可愛的面孔，在輕鬆愉快的氣氛中拒絕別人。

第七章　真正走進戀人的心裡

談戀愛，關鍵之處在於「談」。只有透過恰如其分的「談」，才能將彼此之間豐富的思想、複雜的情懷、微妙的心聲以得當的語言表達出來。有些時候總是不知道如何與對方更好的交流，這就需要掌握一些技巧了。所以說，你務必要注意自己說話的技巧，這樣才能夠使雙方變得更加幸福。

與異性交談不要過於直接

兩情相悅，彼此如膠似漆的感情，誰都渴望擁有。不過，有情無情，緣深緣淺，這就要你的能力了，而這個能力關鍵就在嘴上。戀愛都是靠嘴談出來的，能在瞬間打動人心的話語是戀愛成功的保證。尤其是男女雙方在剛剛踏入愛河時，由於彼此之間不熟悉，所以，說話時一定要注意技巧。

兩個人的感情發展到一定程度，就應該抓住時機，向你的心上人表達愛意，戀人為了避免直接表達的生硬，常常巧妙的動用智慧的語言，使得求愛的方式新穎別致。

在戀愛時，如果你的戀人的文化素養與領悟能力比較強，可以不動聲色，把你的情感若隱若現地包蘊在彼此的談話中，使他（她）有曲徑通幽之感，備覺愛情的神祕與甜蜜，這是一件很有意境的事。

有一位年輕人在工廠裡的技能比賽中獲得了第一名，得到一台微波爐。他把這個消息告訴自己的女友時，說：「我今天得到了一台微波爐，是勞動技能大賽第一名的獎品！」姑娘也很高興地說：「那我祝賀你！」「這樣慶賀太普通了，我們在家煮一桌菜慶祝，怎麼樣？」年輕人提議。「可以呀！」「可是我不會做菜，怎麼辦？」小夥子顯得為難起來。「我可以試試呀！」姑娘毛遂自薦。「那太好了，我如果能經常吃到你做的菜，那該多好啊！」「只要你不嫌我做得不好，我答應你就是了！」

年輕人用獎品作話題，以做飯為主軸，繞了一個大圈子，終於巧妙地將彼此的談話導入表達情意的正軌，在看似在不經意之間，就機智的敲定了一樁婚姻。

一個星期六的下午，一位五官端正、衣著新潮的青年手捧一束紅玫瑰，禮貌地敲開一

間公寓的門。公寓的主人是某公司的年輕女祕書海因茲。她謹慎的打開門，面對這位不速之客，她感到不知所措，尷尬之餘，這位男士連連道歉：「我敲錯了門，是個誤會，請原諒。」然後轉身離去。沒走兩步，又轉身走過來對海因茲說：「請收下這束鮮花，作為我打擾你的補償。」海因茲因為盛情難卻，只好把他請進房裡，兩人就這樣認識了。實際上，這個偶然的誤會是男青年早就策劃好了的。

男人在追求女孩時，千萬要記住的一條準則是「情要真意要切。」

一天，一位十分美麗的女子在馬路上走時，在她身後有個青年總形影不離的跟隨著。女子回過頭來，不解的問他：「你為什麼老跟在我後面？」

青年激動的說：「你太美了，是我見過的美麗女子中最美麗的一個，我愛你。」

女子嫣然一笑，說：「謝謝，在我後邊走著我妹妹，她比我美上百倍呢！」

「唉呀，是真的嗎？」那青年非常高興，馬上調頭跑去。

他跑呀跑，根本不見女子的影子，只看到蹣跚地走來一個老態龍鍾的老太婆。他知道上當了，又回轉身去追趕美麗的女子，他問道：「你為什麼騙人？」

「不，是你騙了我！如果你是真心的愛我，那就不會跑去追另一個女人了。」

那青年被說得面紅耳赤，只好走了。

其實對自己容貌有自信的女性，她們的容貌也並非絕對完美無瑕。美女或名人們在拍攝影片時，非常重視角度的選擇，必定小心翼翼地遮掩住缺點。而與美貌絕緣的女性，眼、唇、酒窩……至少有一部分是值得誇獎的優點。因此，不稱讚其為「美女」，而說「眼睛真美」，使女性對眼睛產生自信。如此，反覆的告訴女性「你覺得她美麗的理由」，這樣的讚美如波紋般蕩漾開來，不用多久「女性迷人的雙眼等於迷人的容貌」，同等的暗示效果將發揮到極點。這樣就會令被讚美的女性產生良好的自我感覺，同時對你也會產生好感。

一個高高瘦瘦的女孩新買了一件束腰的短上衣，興沖沖的邀男友評價。男友見她穿了新衣越發顯得受如紙片，不禁脫口說道：「這件衣服並不適合你。」女孩頓時面色一沉。男友見狀自責，轉而笑吟吟地說道：「像你這樣苗條又高挑的身材，如果穿上那種寬鬆飄逸長至膝下的衣服，就會越發顯得神采飛揚、瀟灑大方了。那些矮而又胖的人就穿不出這種氣質來。」女孩聽後頓時轉怒為喜。

男友的話既巧妙暗示了這件衣服不合其身材，又誠懇的建議了更理想的擇衣標準。同時用苗條高挑這樣美好的詞語委婉指出了女友身材的特點，又用矮胖之人來做對比，照顧到對方的自尊心。一句看似恭維的話，實則蘊含了無限的玄機。

如果與對方用語言難以表露愛意的話，不妨試一試用些許的身體接觸表達對他（她）的

愛慕之情。

例如過馬路時，說「快點，紅燈要亮了！來！」然後自然的牽著她的手過馬路；上下船或走過崎嶇不平的路時，自然地伸出手，對她說：「來，這兒危險，抓住我的手吧。」人很擁擠時，對他說：「抓住我的手喔，否則要走散了。」她若遲疑不定，你就一把牽起他的手；如果她真的喜歡你，則會順從。如果她確實不願意，自然會下意識的掙脫你。這時，你舊千萬不要勉強別人，這是對對方的意志的尊重，這是顯示你的風度並不是表示你懦弱；可以跟她比比手掌大小：「來，我倆來比比誰的手大。哦，你的手真好看」；聊聊手相：這方法雖然很俗氣，但很有效。如果你能講上五六分鐘，就可使她大感興趣。

當倆人感到談得很投機的時候，便可以進入詢問階段，將談話內容推進到一定的深度，從而瞭解對方思想價值觀、個人情況、家庭狀況等等，但不能太直白，要善於拐彎轉角，一旦觸及對方忌諱的話題，要學會善意的避開，以保持愉快的交談氣氛。

初次約會尋找話題

談戀愛最關鍵的就是交談。只有透過交談，才能將彼此豐富的思想、複雜的情懷、微妙的心聲用妥帖的語言表達出來，從而接通雙方的情思之弦，產生愛慕之意，點燃愛情的火焰。然而初次見面時，很多人都不知道該說點什麼。那麼，不妨從以下幾個方面試試看。

事業是一個人安身立命的根本。任何一個對事業勤奮努力，對人生追求不怠的年輕人，一旦與人談起工作、人生方面的話題，就會神采飛揚。因此，在初次約會時，不妨抓住雙方在這方面的一些「亮點」去挖掘話題。

素素是一個事業心強的女孩，但她性格內向，不善交際，快三十歲了還沒有男朋友。一天，同事為她介紹了一名員警李剛。初次見面，兩個人誰也不知道該說什麼，交談陷入了尷尬。素素一見這場面有些不妙，便急中生智，漫不經心的說：「你們當員警的工作挺艱辛的，而且還時刻都面臨生命危險，並非常人可以承受的。」李剛一聽，馬上接起了素素的話題，從事業與抱負、人生與追求、奉獻與願景等方面闡述了自己所從事職業的偉大和驕傲。

兩個小時的約會，在談笑風生中不知不覺過去了，兩人聊得非常投緣。

素素在與李剛初次約會的「尷尬時刻」，抓住了對方熱愛本職工作這一個亮點尋找話題，看似「不經意」，實則是刻意來考察他對事業與人生的追求，不僅有效解決了初次見面的尷尬，還達到了增進彼此瞭解、溝通思想的目的。

每個人都有自己的興趣愛好，即使沉默寡言的人，與人談起自己的興趣愛好也會不由自主的口若懸河起來。然而初次見面，你還不知道對方的興趣愛好怎麼辦？不要緊，不妨先談談自己的興趣愛好，拋磚引玉，然後在彼此的興趣愛好裡尋找共同點，以此來瞭解對方和深化感情，相信這樣彼此一定能尋找到合適的話題。

環境氛圍是一個動態變化、隨機性較強而又有豐富內涵的話題。它不是逢場作戲般的風花雪月、無病呻吟，而是透過探論這種話題折射出一個人的思想觀念、品德智慧、為人處世等方面的水準和品味。可以說，一個善於觀察事物、分析問題、處理矛盾的人，只要將尋找話題的著眼點放在環境上，話題就會取之不盡用之不竭。

在些地方的相親有男方到女方家裡的習俗。這一天，方芳支開家人與李軍在家裡單獨約會。李軍到方芳家後，先是簡單的品評了一下她的家，可是，方芳是一個內向的女孩，在李軍說完後就沒話說了，談話陷入僵局，整個房間就只有電視機裡《還珠格格》的對話聲音，兩人都靜靜的看著電視，誰也沒有再說話。其實，方芳的心裡很著急，但她又缺乏正面迎視海軍的勇氣，便面對著電視自言自語似的說：「現在電視頻道豐富了，反倒缺少了精彩的節目。你看這部《還珠格格》，整個劇情打打鬧鬧，濃濃瓊瑤情懷不說，劇情也沒多少實質意義。」「可不是嗎，你看那小燕子……」電視劇話題一下激起了李軍的談興。「你對爾泰獨自承擔劫獄救小燕子、紫薇的罪名怎麼看？」「我很敬佩爾泰為人剛正不阿，俠肝義膽，這樣的朋友現在實在太少了……」

方芳在初次與李軍談話出現障礙時，就地取材，將話題引到了正在播放的電視節目上，讓人聽起來感到自然、隨意、輕鬆，同時也利用話題尋找自己需要瞭解的東西，表面上是聽李軍對爾泰為人處世的評價，實則是考察他本人為人處世的態度。

社會生活包羅萬象，我們在生活中總有一些深切的體會、想說的話，或者厭惡和喜歡的人與事。那麼，當你與朋友談話出現卡殼時，不妨隨意揀其中一個你最興奮的「點」去談。

經人介紹，曉晴今天要與利威見面相親。曉晴手裡拿著一本雜誌走進了公園，兩人像面試似的各自自我介紹後，就默默無語的沿著公園的湖畔散步。曉晴感到兩人既然是來相親，就不能老這樣沉默著，應該說說話，彼此瞭解瞭解。她計上心來。「你手裡拿的雜誌，我能看看嗎？」「剛買的《美麗佳人》。這本雜誌挺不錯的，有品味。」利威一邊簡略介紹著，一邊把雜誌遞給曉晴。「哇，看不出，你對美容時尚還挺有研究哩。」「你可別這麼誇我，我只是愛好而已。過去美容化妝是女人的時尚，現在人們生活水準提高了，追求早已發生了變化，男人為什麼不能活得光鮮燦爛一點呢？」他們圍繞著時尚，從化妝談到時裝，到兩人分別時，早已酷似一對相戀已久的戀人了。

曉晴的聰明之處就在於，她想到了一本書總會引出許多與書相關的話題。即使利威拿著書只是做做樣子，對書或對某一個話題不感興趣，那麼圍繞書所引發的許多社會生活方面的話題，他也應該感興趣的吧，因此他們的初次見面是非常成功、默契的。

雖然現在的女性已經開放了許多，但是，由於受悠久的傳統思想的束縛，有些女性在決定一件事情時，總是以沉默的態度作為自己的應允。

的確，現在的年輕女性已經比較開放了，從一位剛與男子認識不久的女性的立場來看，當男士向她提到：「我這就送你回家，還是一起去喝杯咖啡呢？」的時候，如果這位女性對該男子有好感的話，心裡自然是不願與他告別。但是，若是較為保守的女性可能會聯想到，單獨與一位剛認識不久的男性在一起吃喝，未免過於輕浮。因此，她一定會毫不猶豫地回答說：「現在我該回家了。」因此，邀約這種女性的最佳方式之一便是採取不需要她回答，不必徵求對方意見這種方式為好，直截了當提出你的邀請。

如上例中，只要問她：「一起喝杯咖啡好嗎？」此時，她如果有意接受的話，可以不回答，而以沉默來代替、此時，你若一直向她解釋，你只不過是想請她喝杯咖啡，並無其他意圖等，反而會觸動她敏感的神經，而迫於傳統思想的束縛，她就可能選擇提早對你說：「拜拜了。」

一位年輕人愛上了一位女孩，她是一名銀行營業員，於是他就天天到銀行去。

一天他又去銀行的時候遞給了那位營業員一張紙條和一張電影票。紙條上端端正正寫著：「既熟悉又美麗的小姐妳好，一年來，我一直在認真的儲蓄我的感情，期望有一天能得到豐厚的利息。我想，現在零存整取的時間到了。也許我參加的是一次有獎儲蓄，但我相信自己一定能中獎，您覺得我有沒有這個運氣呢？」這位年輕人一年來堅持不懈的「用心良苦」以這種特別的方式表白出來了。

初次見面的緊張，也可以用自我解嘲來化解。男女雙方第一次約會通常是很緊張的。兩人坐著默默無語，好不容易一方正要開口說話時，另一方也正想說些什麼，於是兩人同時張開嘴，又尷尬的同時閉了口。過了一會兒，同樣的事情又重演了。據說有一個女孩在這種情況發生時，對男方說：「我們真是有默契啊。」一句話逗笑了男青年，氣氛隨即輕鬆融洽起來。

如果你與人初次見面時容易有失常行為，如雙手顫抖，說話語無倫次等等，不要耿耿於懷，因為這樣只會徒增自己的緊張。建議你應當超然於自我之上，以客觀的態度，自嘲娛人。例如，當你對別人說：「我這個人一怯場，手就抖個不停。」你說完後，手可能就不再顫抖了。

學會向對方表達自己的情感

對某人產生愛慕，總要勇敢的向對方表達情感。得體的向所愛的人表達自己的情感是成功戀愛的關鍵。那麼，如何表達才是最合適的呢？下面的幾個技巧值得借鑑。

雙方認識後，關鍵就是談話了。在與對方相處時，根據你多方面努力掌握的對方情況，找到些共同感興趣的話題，說上一兩個鐘頭應該不難，說到投機時自然的提出：「不如一起去喝杯咖啡怎麼樣？我請客！」如果正在喝咖啡，就直接敲定飯局好了。不能忽視的初次見面對話要領是：宜廣不宜深，宜輕不宜重，這是為以後多次見面奠定基礎。

與自己渴望認識的對象見面時，可能會感到緊張。但你不可能在短時間就想出很棒的話題，因此，在約會前要做好心理準備：「如果聊到什麼話題，我要提出怎樣的問題？」若能充分準備好問題，提出具體的內容，對方必定會愉快的認為：「這人很關心我，而且還仔細調查過。」如此一來，初次見面的印象必將不錯，彼此或許能發展出更親密的關係。

一位青年和一位女孩相愛了，但雙方一直都羞於直接表白。一天，兩人相約田間遊玩，女孩靈機一動，指著正在花間飛舞的蝴蝶問青年：「你說為什麼只見蝴蝶戀花，不見花追蝴蝶呢？」青年一時愣住了脫口而出：「花怎麼能追蝴蝶呢？」

但轉瞬間他就明白了對方的意思，隨即坦率的表達了對姑娘的愛慕之情。姑娘無疑而問，自然令對方思考到其雙關意義，話語婉轉、巧妙，既實現了完美的表情達意，又不丟臉面。

德國著名哲學家尼采向一個美麗的荷蘭女子求婚時說：「我向你提出一個問題，你要提起心中的勇氣，不必害怕：你願意做我的夫人嗎？我愛你，並且已經將你看作屬於我的了。你不要說我的情緒是突然而來的！這至少不是一樁可責備的事，也用不著加以原諒。但我想知道，你是否和我一樣的感覺我們絕不是生疏的！我們的結合將比各自單獨的生活要更好、更自由些，你不相信此事嗎？你和我一起行動，就和一個在一切生活及思想方面力求自由與改進的人一起行動一樣，你有此膽量嗎？」

表達自己獲得愛時的愉快心情。

俄國政治著作家和革命者亞歷山大·赫爾岑的表妹傾心於他，她向他求愛時說：「亞歷山大，你對我說，你將你自己送給我。我覺得我的心靈將純潔而偉大，我知道我的全部生活將令人驚異。我可以羨慕你，可以愛你，真是快樂。我將變得更強壯，更善良，因為我要走近我的理想！因為你的緣故，我覺得全世界都美麗了……亞歷山大，我的朋友，我願變成一個完美的天使，才完全配得上你，我的胸懷中應有天堂的樣子，這樣，你把你的頭放在此懷中才無所缺憾，然而這個胸懷只因有你，只因有你的愛情，才是豐饒的。」

黎夫陪筱卉到百貨公司買東西，他為了在筱卉面前顯擺以取悅於她，對櫃姐問東問西的，最終一件東西也沒買，為此惹怒了櫃姐，雙方唇槍舌劍。當黎夫顯然處於無理的劣勢之時，筱卉站出來從中周旋，為他挽回面子。黎夫很感動的對她說：「人們常說『英雄救美人』，今日倒好，成了『美人救狗熊』，我真該好好感謝你才是啊！」筱卉止住笑，俏皮的追問：「好啊，看你怎麼謝我呀？」「我送你一件最珍貴而稀有的禮物，不知你喜不喜歡？」黎夫顯然已成竹在胸，獻殷勤般地調侃。「說出來看看吧！」「我把我自己贈送給你，接受不接受啊？」

黎夫巧妙的幽默，使筱卉充分感受到了他的風趣睿智，贏得了筱卉的芳心。

翎倫借給菲霏他新買的而自己尚未看的一本書，菲霏深情的對翎說：「我借別人的書，總是很快就讀完，而你借給我的這本書，怎麼也讀不完，可能要讀一輩子，你是願意伴我讀完呢，還是讓我割捨不讀呢？」

此後，他們為發展彼此的關係，利用雙方的共同愛好，經常交換，推薦好書，借「書」一事讓兩人愛情的種子開始萌芽。

業務員劉翔看中了女同事姜媛，又不知姜媛是否看得上自己，於是利用看完新加坡某

部電視連續劇的機會，發起話題試探姜媛：「你看過這部電視劇後，最喜歡劇中哪一個男角色？」姜媛很自然的說出劇中的某個主角。「為什麼呢？」劉翔順水推舟。「因為他有管理才能，知識淵博，為人正派，善於體諒、愛護人，尤其善於體諒、愛護女性，你看……」「我懂了。如果我也具備他這些優點，你喜歡嗎？」「當然喜歡。」

如果交談進入全面、深入的互相瞭解階段，並且彼此產生好感的話，那麼，可以將話題轉移到試探對方上來，即給對方發出愛的訊號。這些「訊號」多半是愛的暗示，它的表達不要太露骨和著急，急於求成往往會把膽小的女生給嚇跑。

抓住對方身上容易被忽視的「亮點」

一位女孩帶著她的男朋友去參加同學的聚會，她對著同學抱怨她的男友很不合格。有一次，她剪完頭髮，一連三天，她的男友見了都沒有發現。最後，她著急了便大聲對男友吼道：「你沒看見我換髮型了嗎？」

的確，無論你在心裡愛得多麼轟轟烈烈，如果你沒說出來，沒行動，對方就可能不知道。比如，一個少年深深地愛著一個女孩，可是，他從來沒有向姑娘表達出自己的愛慕之情，從來沒有約她看場電影，沒有深情的望著她，沒有給她送過玫瑰花，女孩怎麼能感受到少年的愛意呢？所以說，「愛在心頭口要開。」關心需要表達，愛需要行動。熱戀的感覺之所以美好，是因為雙方總是在表達、在行動。談情說愛，雙方要談、要說，才能有效表達情與愛。戀愛時對方的一舉一動，都會牽動你的心；對方的細微變化，你也會立刻發現。兩個人簡直像掉進糖罐裡似的，到處都充滿了甜美的幸福感。

嶄新飾物的穿戴，不僅是裝扮而已，也是展現全新自我的表現。這點心意若被讚譽，不論男女都會如同自身價值被肯定般的雀躍不已。女性穿上新洋裝赴約時，男性見面即問：「你的新洋裝是在哪裡買的？」女性可能會問：「怎麼？你不喜歡嗎？」如果男性是先誇獎後才有此一問，就不會使女性這樣回答，而自然的流露喜悅之色。對女性來說，穿著的服飾是美的延伸。女性在他人評價自己新裝的同時，不僅是希望他人肯定自己的價值，更希望他人認同其判斷的正確性。客觀評價一位女性的衣著服飾，也就是客觀地評價了她這個人。

女孩子一般都希望別人尊重她、瞭解她。當你能隨口說出她所關心的一件小事時，她一定感動不已。對女性來說，如果你對她某種微小的欲望都能瞭解，她一定感到你是最瞭解她的，是最可信賴的，因而對你更加親近。

劍鳴只差一步之遙就可能獲取郁佳的芳心，可是郁佳近來對他表現出不太友好得態度。

劍鳴著實亂了方寸。情人節這天，本想買束花送給郁佳，無奈花市鮮花告罄，於是他直奔鄉下花圃。當他抱著一大捧鮮豔的紅玫瑰正要獻給在公園門口等自己的郁佳時，被一群囊中有錢，手上無花的俊男倩女攔住，出兩千元買兩束。劍鳴靈機一動，故意大聲得說：「按說，我有這些鮮花，賣你們兩束也可以，可是，這是我特意從花圃採來獻給我的天使的，花兒代表我的心，此紅玫瑰只屬阿佳一人！」阿佳頓時陶醉在一片羨慕聲中。劍鳴透過贈花，將對心上人的情感在大庭廣眾之下表露出來，既表現了他對阿佳赤誠愛意，又讓阿佳在大家面前風光了一回，虛榮心得到了極大的滿足。

女人喜歡別人恭維和讚美。戀愛中的女人，尤其喜歡聽甜言蜜語。一句恭維和讚美的話語，勝過一件貴重的禮物。懂得女性的這種特性的話，你不妨試試經常讚美你所愛的女孩。

她穿著一身新裝，雖然心想：「她的膚色較黑，穿這件衣服不合適。」你還是要誇獎說：「喲，這件衣服跟你健美的膚色很相襯呀。」

當女友換了髮型，即使不怎麼適合她的臉型，你也得說幾句讚美的話。當你從外地旅遊回來，帶給女友一份禮物，是一枚胸針，或是一件化妝品，都會令她認為你惦記著她而心中歡喜。

你與戀人間的談話，讚美之辭可以讓對方感到快樂，若是愚笨的再三提到對方的缺點，

保證使愉快的氣氛頓時蕩然無存。不論男女只要頻頻指責對方的缺點，就極易造成冷場。

在餐廳裡如果他為你點杯咖啡，但遲遲未送到時，你若不悅地說：「怎麼這麼久還沒送來？」雖然你是無心之言，但聽在他的耳裡，彷彿在責備他一般。也許在此之前他心情開朗，但一聽到這句不中聽的話，頓時悶悶不樂，然而話一出口就難以收回，相信你會為那句脫口而出感到遺憾。

那應該要怎麼辦呢？這時你可以隨機應變，立即將話題岔開，轉而讚美對方的優點，將缺點掩飾過去，換言之就是彌補自己失言之過。

當你不經意的說出不當之言，別忘了彌補一些讚美之詞，如此一來便可以轉移對方不悅的心情。但最重要的是不可一味誇耀對方的優點，而不提缺點，否則對方會懷疑你的人格，甚至認為阿諛、拍馬屁是你的專長呢！

「鬥嘴」，不失為增進感情的方式

愛情需要激情的碰撞，這就像玩碰碰車，樂趣全在於東碰西撞、你攻我守。這種遊戲的新鮮與刺激就如同愛情中的甜蜜，絕非四平八穩的平淡感情所能比的。「鬥嘴」其實就是戀

人中的碰碰車遊戲，尤其是在有較高文化素養的情侶之間，這一種十分獨特、有趣的語言遊戲很是流行。

《紅樓夢》中，寶玉到黛玉房裡，見她睡在那裡，就去推她，黛玉說：「你且別處去鬧會子再來。」寶玉推她道：「我往哪裡去呢？見了別人怪膩的。」黛玉聽了，噗哧一聲笑道：「你既要在這裡，那邊去老老實實的坐著，咱們說話。」寶玉道：「我也歪著。」黛玉道：「你就歪著。」寶玉道：「沒有枕頭，我們在一個枕頭上。」黛玉道：「放屁！外頭不是枕頭？拿一個來枕著。」寶玉看了一眼，回來笑道：「那個我不要，也不知是哪個髒婆子的。」黛玉聽了，睜開眼，起身笑道：「真真你就是我命中的『天魔星』！請枕這一個。」她把自己的枕頭讓給寶玉，自己又拿一個枕著。

寶玉與黛玉「鬥嘴」只是因為要「搶」一個枕頭，事情雖然很小，語言也都是很普通的日常口語，但在戀人之間，卻起到了打是情、罵是愛的作用，鬥嘴成了示愛的一種活潑而隨意的方式，要不然在一般關係的男女之間，像黛玉這樣罵得毫不客氣，可能一句話就傷了和氣。而互有好感的寶玉和黛玉卻沒有因鬥嘴而鬥氣，相反卻越鬥越親密。

作家玄小佛的短篇小說《落夢》中，戴成豪和谷湄兩人都具有獨立不羈的性格，誰都想改變對方，但誰都改變不了對方，然而從兩人針鋒相對的話語裡，我們分明感覺到他們彼此

的寬容、彼此的相知，我們真切的感覺到濃濃的愛意從他們的內心流溢而出。其中描寫了戴成豪和谷湄兩位戀人間的一段「鬥嘴」——「我真不懂，你怎麼不能變得溫柔點。」「我也真不懂，你怎麼不能變得溫和點。」「好了……你缺乏柔，我缺乏和，綜合的說，我們的空氣一直缺少了柔和這玩意兒。」「需要製造嗎？」「你看呢？」「隨便。」「以後你能溫柔點就多溫柔點。」「你能溫和也請溫和些。」

這是一對彼此依賴、深深相愛的戀人，「鬥嘴」是他們調節氣氛的工具。雖然戀人間的鬥嘴從形式上看起來像吵架一樣，你數落我，我挖苦你，毫不相讓。但與吵架本質上不同的是：「鬥嘴」時雙方都是以輕鬆、歡快的態度說出那些尖刻的言辭，有了這層感情的保護膜，「鬥嘴」就成了一種只有刺激性、愉悅性卻無危險性的「軟摩擦」，成了表現親密與嬌嗔的最好方式。

正因為鬥嘴具有形式上尖銳而實質上柔和的特點，比直抒胸臆式的甜言蜜語有了更大的展示情人間真實感情與豐富個性的廣闊空間。所以沐浴在愛河的許多青年男女都喜歡玩這種語言遊戲，在這種輕鬆浪漫的遊戲中，加深彼此的瞭解，增進相互的感情，同時也調劑愛情生活，使戀愛時光更加多姿多彩。

既然鬥嘴是一種有趣的語言遊戲，那麼它和其他遊戲一樣，也有一定的「規則」，需要戀人們特別注意。談話有一個要遵循的原則：「淺交不可深言。」這話同樣適用於戀愛中。如果雙方還處在相互試探、感情朦朧的階段，想以鬥嘴來加深瞭解，可以選擇一些不涉及雙方感情或個人偏好的話題，比如爭一爭「是住在大城市好還是隱居山林好」，「左撇子聰明還是右撇子聰明」等，這樣雙方既可以不受拘束，「安全係數」也大。如果已是情深意篤，彼此對對方的性格特點都比較瞭解，鬥嘴就可嬉笑怒罵百無禁忌了。

鬥嘴畢竟是唇槍舌劍的交鋒，需要有一個輕鬆的環境，充分的心靈餘裕。因此，鬥嘴時要注意一下戀人當時的心情。心情愉快時，可以隨便耍嘴皮、開玩笑；可是如果戀人正在為結婚缺錢而愁眉不展時，你卻來一句：「你怎麼啦？愁眉苦臉，像誰欠你幾百萬似的。」那麼你必定會受到抱怨：「人家心煩得要死，你還有心逗樂，我找你這個伴侶真是倒楣透了。」這樣的話，鬥嘴的味道就會變得苦澀了。

戀人間鬥嘴，最愛用戲謔的話語來揶揄對方，肯定免不了誇張與醜化。但是這種誇張與醜化同樣不能傷害對方的自尊，最好不要涉及對方很在乎的生理缺陷或他很敬重的家人等，否則就有可能自討沒趣，弄得不歡而散。

「說說你最崇拜誰？」「當然是我爸爸，他是個真正的男子漢。什麼偉人、英雄，他們都離我太遠。」「那你認為你爸爸就是你心中的上帝？」「那當然，你不服氣？」「你這個上帝只不過是個修鞋的，有什麼了不起呀！」「好啊，你看不起我，我，我今天算把你看透了……」像這樣的鬥嘴就得不償失了。

當他見了你的一幫朋友，回來就對你抱怨說：「看你那個朋友李芳，話多得像個長舌婦。」「還有那個簡瑤，打扮得像個妖怪。」聽到他這樣批評你的朋友，你一定會火冒三丈，忍不住要以牙還牙，向他開火：「你說這話是什麼意思？你的朋友都好？也不看看那個張勇，笨得連話都說不清……」

你們開始攻擊彼此的朋友，「戰爭」有擴大的趨勢。其實，這時候發脾氣是最不理智的，你可以心平氣和的說：「別說了，她怎麼說也是我的朋友。我和李芳在一起，是因為她性格開朗，不開心的時候和她聊聊就能想開點，不過人總是有缺點的……說實話，簡瑤打扮成那樣，我也不是很欣賞，不過她人很熱心，心地很好的……」這樣一說，他大概就不會再批評下去了，也許他還會附和你說：「是，人總是有優點，也有缺點的。」同時，還會在心裡佩服你的寬容和理智。

鬥嘴要注意的是，不能對他進行冷嘲熱諷，不要揭他的「傷疤」。如果傷了對方的自尊，鬥嘴就會變成爭吵。比如你說：「你不給我買才不是因為顏色不適合，而是因為你小氣才不買！」這種話絕對會激怒對方，沒有一個男人能夠容忍冷嘲熱諷，所以你不如大度一些：「謝謝你的提醒，不然可能就花冤枉錢了。」聽了這樣的話，他一定在心裡讚賞你是個明白事理的人。

鬥嘴一旦有了向吵架發展的趨勢，你要懂得及時剎車。喜歡滑雪的人會有這樣的經驗，剛開始學滑雪時看著別人滑得很容易。可是一旦穿上滑雪板，一下子滑出去了才發現，自己根本不懂得怎麼平衡。搖搖晃晃往下滑的過程中，更不知道要怎麼停下來。經過多次練習，終於掌握其中的訣竅，要想停下來，只要轉個身就行。戀人之間打嘴仗也就像滑雪，你要是只會滑而不會停，就會出事故，結果很可能是勞燕分飛。

側面誘導，讓人心服口服

在談戀愛時，很多人為討好對方都容易做出一些違背心意的事，即使有再多的不滿也化為強裝的笑顏。其實我們大可不必這樣，讓戀人知道你的不滿，也不一定破壞你們的感情。只要做法得當，不僅能幫助對方改掉了許多惡習，還會讓對方學會尊重他人。

有些戀愛中的女孩子，動輒就對男友生氣，以顯示自己的個性。如果這個女孩是父母的掌上明珠，就更難以容忍別人對她的不滿了。一些痴情的男孩因為自己某句話引起女友不

快，因生怕得罪公主，便急忙賠禮道歉，更有甚者會貶低自己，請求原諒，以示對戀人的忠貞。其實這樣做對自己一點好處也沒有，只會助長對方的氣焰。

某局長的千金高穎和宋民談戀愛時，總是顯示出某種優越感。宋民是農家子弟，大學畢業就在局裡任職，沒有靠山。

一次，高穎到宋民家做客，對宋民家人的一些生活習慣總是流露出不滿的情緒。飯後，更是將宋民的妹妹指使得團團轉，又叫倒水，又讓洗碗的。宋民心裡很不舒服。他借機笑著對妹妹說：「要當師傅先學徒嘛！你現在加緊練習，等將來你嫁到別人家裡，也好擺起師傅的架子來。」宋民這麼一說，高穎當時似乎聽出了什麼，過後不得不在宋民面反省自己的確有些過分。

戀人之間，有些事情不必深究，點到為止即可。像宋民一樣，只用一句「要當師傅先學徒」的俗話給對方提個醒，對方就會自省，繼而悔改。這樣就避免了直接衝突。

幽默能使戀愛情趣盎然。當對方的所作所為引起你的不滿時，用詼諧的言談能讓對方笑著接受你的「不滿」。

雅倩非常喜歡跳舞，男友張瑀偏是個好靜的人，正在準備研究所考試，卻常被她拉去「看」舞。雅倩有個很不好的習慣，不跳到舞廳關門不盡興，久而久之張瑀就受不了了。有一次他們從舞廳出來已是半夜兩點多了，張瑀說：「你今晚跳得很棒，我還沒看夠。你一路跳回宿舍怎麼樣？」雅倩撒嬌說：「你想累死我啊！」張瑀一副認真的樣子：「沒關係，我陪你跳。」雅倩噗哧一樂，「虧你想得出，丟下我一個人也不怕我碰上流氓。」小張這時言歸正傳：「那你在舞廳丟下我一個人，也不怕我打瞌睡被人偷了東西。」雅倩這時才知道男友壓根沒有興趣跳舞，以後就有所收斂了。

把戀人的某種缺點抑制在「萌芽」狀態，有時需要用合情合理的話語，把你的心剖白給他（她）看，做一次傾心的交談。儘管他（她）會認為是小題大做，但過後仔細一想，會認識到自己的不對，從而更加珍惜你對他（她）的一片真情。

胡珂和男友黃鈞談戀愛時，黃鈞的父親生病住院，花費頗高。正月裡她和黃鈞去她哥哥家拜年，見黃鈞想帶兩瓶平價的高粱酒作為禮物，很是生氣，自作主張的要把黃鈞的姐姐孝順父親的一瓶高級人參酒帶去拜年。黃鈞心裡很不樂意，他知道胡珂愛面子，便藉故把胡珂叫到房間，推心置腹的跟她說：「這酒可是我姐姐對父親的一片心意。送禮我父親當然沒有什麼意見，因為他只有我這麼一個小兒子還沒成家，給你家親戚拜年大方一點也是應該的。可你想一想，要是這事讓我姐姐、姐夫知道了，心裡會是什麼滋味。假如你嫂嫂把我們送給她的東西拿去轉送別人，你心裡又是什麼滋味……」黃鈞一番至情至理的話說得胡珂後悔的低下了頭，主動向男友認了錯。

我們知道，從一個人的表情、舉止等身體語言能夠看出一個人的內心世界。有涵養的戀人往往能從對方的一舉一動甚至一顰一笑中體察到他（她）的內心情感。當男友觀看節目總喜歡滔滔不絕的發表評論影響女友或旁人時，女友可以用恰當的身體語言來表示內心的「不滿」。比如神情專注的觀看節目，表示無法分心聽他的高論，或者找一本雜誌來看，以轉移視線表示興趣不一。慢慢的他就會因為自己的「高見」沒有聽眾而就此打住。

有位未來的女婿初登女友家門時，發現她家的茶杯、茶盤、碗碟等都是青花瓷器，就以此為話題：「這青花瓷器古樸典雅，真美。」一句話引得女友的爸爸高興非凡。他眉飛色舞的把珍藏的各種青花瓷器一一做介紹，談得十分投機。女友的母親在一旁打趣說：「一談起青花瓷器，這老頭可三天三夜知心話都說不完嘍！」先前的拘束一掃而光，代之以親切自然的氣氛。

相戀時雙方的感情總是美好的。在不傷害對方感情的前提下，讓對方明白你的「不滿」，並且讓他（她）知道，你是在愛他（她），而不是在「恨」他（她），這時發現對方缺點並及時的溝通使其改正，也許會破壞一時的甜蜜氣氛，但這卻能讓雙方能更默契、更成熟的踏上婚姻之橋。

用真情去感化對方

夫妻在一起的時間久了，難免會出現一些問題。由於男女倆人所生長的環境、所受的教育及家庭的影響是不同的，對同一件事就會出現不同的看法。

男人：「很抱歉，我遲到了，我真是太不體貼了。」

女人：「沒錯，你這樣真的讓人生氣。既然你知道我的感覺，我心裡就好過多了。只要不是每次都遲到就好了。你不需要凡事完美，只要你有考慮到我在等你就好。這次我應該原諒你。」

男人：「我很抱歉剛剛說了不該說的話，我太衝動了。」

女人：「你太衝動了，所以根本聽不進我說的話。但我想我也有錯，你至少是在乎我，所以會反省道歉後聽我說話，所以我原諒你。」

在以上的例子當中，男人用幾個負面形容詞：不體貼、太衝動的。女人對於男人用這些認識到自己錯誤的詞來道歉，永遠不嫌煩。夫妻之間，只要勇於道歉，就會有較好的溝通並取得諒解，這樣的互敬互讓，才能迎來甜蜜的愛情

女（裝作無意）問：我的好朋友，她的男朋友竟然還在資助前女朋友上研究所，你說

這樣對嗎？（此話是典型的話中有話，男生要聽出她的話外音，她想知道的是你對前任的態度。）

男（不假思索）答：這有什麼啊？我覺得說明了他有情有義，是個重感情的人啊。

女：什麼？你不覺得這是藕斷絲連嗎？男人都是這樣，有了新人也不會拒絕舊人！你是不是還對前女友戀戀不忘啊？難怪你上次吵架還跟我說過，某一任女友比我溫柔！（陳年舊帳被翻出來了，她可能記不住一條街的名字，但是她一定記得你無意中說過的某一些話）

男人（皺起眉頭）：我們現在說的是別人，你別把舊事拿出來說行嗎？簡直是不可理喻啊。

女人（被激怒）：你對舊情人還有舊情還說我不可理喻？那你找你的善解人意去吧。我不想和你過了！

像上面的男士那樣，如果一味的和妻子針鋒相對，倆人間的矛盾會越來越大，問題會越來越嚴重。此時，你不妨換一種方法說。例如：

女（裝作無意）問：我的好朋友，她的男朋友竟然還在資助前女朋友上研究所，你說這樣對嗎？

男（略加思索）：那要從兩個方面去看了。一方面說明了這個人還是重情誼的，在朋友

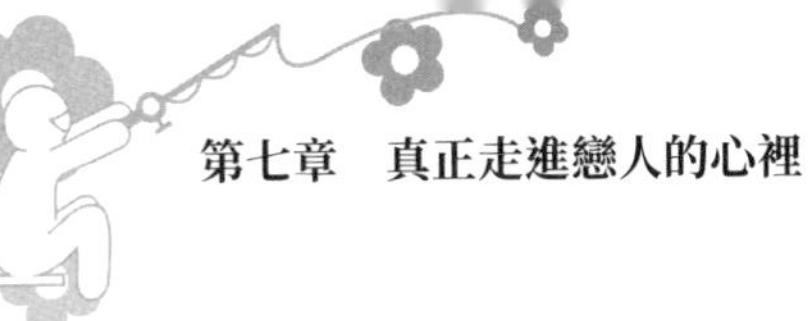

有難的時候能幫就幫。另一個方面，很重要的一點就是和自己現在的女朋友，對這件事討論過沒有，一定要解釋清楚並得到現在的女朋友能不能理解才可以。（要從對方的角度去考慮問題，因為女人是喜歡假設的，當你考慮到她的感受的時候，她反而會變得寬宏大量）

女人（點點頭）：就是啊，要是前任真的是過得辛苦的話，能力範圍贊助點也是應該的。但是一定要現任女友能諒解。

男人：那當然了，因為他畢竟是和現任的一起生活啊，當然要注意別人的感受啊，千萬別讓重要的人誤會。

女人（微笑著）：女人又不是不可理喻的動物啊。

男人（趕緊接一句）：是啊，像我的妻子就是很善解人意的啊。（嘴甜點是很重要的）

女人（笑開了）：少來啊，別給我迷魂湯。（其實，心裡暖呼呼的非常開心）

惡言惡語，總會導致冤冤相報，無止境的彼此傷害下去，最後越演越烈，導致感情破裂。而有耐心的好言好語，輕鬆三句兩句就能春風化雨，皆大歡喜。男人和女人註定了是有很多的不同的，禍從口出。但是只要是真心愛著對方，就要盡量減少言語上的傷害。

夫妻間的誤解大部分是由於對方不瞭解實際情況而產生的。因此，當誤解產生時，你應當尋找合適的機會，把事情解釋清楚，讓另一半瞭解事情的真相與原由。在申辯、解釋時，

態度要誠懇，要盡可能採取平心靜氣的態度，不要因為內心不滿而使用過激的言辭造成傷害。一旦情況溝通清楚了，雙方的誤解自然就會煙消雲散了。

第八章　把話說到上司的心裡

把話說到上司心裡去，也就是與上司保持默契。想上司所想，就是幫上司的忙，一個能幫忙的好下屬，總會令上司刮目相看。理解上司的意圖，才不會「跑偏」。說上司所不能說，就是替上司分憂。能夠替上司分憂，是一個好員工的基本素養。一個和上司能保持默契的人，將理所當然地成為上司眼中的紅人。

與上司溝通的語言技巧

要想與上司進行有效溝通，這就需要你有較強的語言表達能力。任何一個職場上的員工都需要跟上司、主管打交道。每個員工都要學習好好的掌握與上司進行溝通的語言技巧。一個會說話的下屬不但在職場中受歡迎，而且在其他任何地方也都是受歡迎的。

楊修官居主簿，替曹操典領文書，辦理事務。有一次，曹操造了一所後花園。花園落成時，曹操前去觀看，在園中轉了一圈，臨走時什麼話也沒有說，只在園門上寫了一個「活」字。工匠們不瞭解其意，就去請教楊修。楊修對工匠們說，門內添活字，乃闊字也，丞相嫌你們把園門造得太寬大了。工匠們恍然大悟，於是重新建造園門。完工後再請曹操驗收。曹操大喜，問道：「誰領會了我的意思？」工匠們回答：「多虧楊主簿賜教！」曹操雖表面上稱好，而心底卻很忌諱。

一天，塞北有人給曹操送了一盒精美的酥餅，想巴結他。曹操嘗了一口，突然靈機一動，想考考周圍文臣武將的才智，就在盒上豎寫了「一合酥」三個字，讓使臣送給文武大臣。大臣們面對這盒酥餅，百思不得其解，就向楊修求教。楊修看到盒子上的字，竟拿取餐具給大家分食了。大家問他：「我們怎麼敢吃魏王的東西？」楊修說：「是魏王讓我們一人一口酥的嘛！」在場的文臣武將都為楊修的聰敏而拍案叫絕。之後，曹操問其故，修從容回答說：「盒上明明寫著『一人一口酥』，豈敢違丞相之命乎？」曹操雖然大笑，而心頭卻暗自警惕楊修。

曹操多猜疑，深怕人家暗中謀害自己，常吩咐左右說：「我夢中好殺人，凡我睡著的時候，你們切勿近前！」有一天，曹操在帳中睡覺，故意落被於地，一近侍慌取被為他覆蓋。

曹操立刻跳起來拔劍把他殺了，才又上床睡。睡醒之後，便假裝不知的驚問：「何人殺我近侍？」大家都以實情相告。曹操痛哭，命厚葬近侍。人們都以為曹操果真會在夢中殺人，只有楊修又識破了他的意圖，臨葬時指著近侍屍體而嘆惜說：「丞相非在夢中，君乃在夢中耳！」曹操聽到後更加厭惡楊修。

曹操出兵漢中進攻劉備，困於斜谷界口，欲要進兵，又被馬超拒守，欲收兵回朝，又恐被蜀兵恥笑，心中猶豫不決，正碰上廚師進雞湯。曹操見碗中有雞肋，因而有感於懷。正沉吟間，夏侯惇入帳，稟請夜間口號。曹操隨口答道：「雞肋！雞肋！」夏侯惇傳令眾官，口號為「雞肋！」行軍主簿楊修見傳「雞肋」二字，便命隨行軍士收拾行裝，準備歸程。有人報知夏侯惇。夏侯惇大驚，遂請楊修至帳中問道：「公何收拾行裝？」修說：「以今夜號令，便知魏王不日將退兵歸也，雞肋者，食之無肉，棄之有味。今進不能勝，退恐人笑，在此無益，不如早歸，來日魏王必班師矣。故先收拾行裝，免得臨行慌亂。」夏侯惇說：「公真知魏王肺腑也！」遂亦收拾行裝。於是寨中諸將，無不準備歸計。曹操得知此情後，喚楊修問之，修以雞肋之意應對。曹操大怒說：「你怎敢造謠言，亂我軍心！」喝刀斧手推出斬之，將首級號令於轅門外。

由這則故事可以看出曹操只是猶豫不決，遂以「雞肋」為號，但未下令退兵，但楊修

自以為洞察其真實意圖，自作主張，視領導者的權威於不顧，是其罪名一也；大軍初敗，軍心、士氣為重，楊修擾亂軍心，是其罪名二也。這則歷史告訴員工不要以自己的看法、想法來替代上司的指令，聰明反被聰明誤。尤其是作為企業的行政人員，在傳達上司的指令時，不但要把握好說話的時機與場合，而且更應該掌握好與上司溝通的語言技巧。應該從上司所處的實際環境，發出指令的背景，來領會其真實的意圖。

由此便可以歸納出與上司進行溝通時應該注意的事項主要有：要把握與上司溝通的語言技巧與說話的時機和場合，依據上司所處的場合和當時的心情注意其的眼睛和手勢，才能夠瞭解上司的意圖是什麼。

溝通的目的並不是為了理解，而是為了消除誤解，掌握好語言溝通的技巧比溝通的內容顯得更重要。過程不愉快，結果肯定不滿意。溝通是一門技術，更是一門藝術。事實上，溝通無處不在！不僅人際關係需要進行溝通，並且在事業上也時常需要溝通，相互合作也需要溝通，然而，更為重要的是與上司同樣需要進行溝通，並且還必須掌握與上司進行溝通的語言技巧。

沒有哪一位上司會喜歡盛氣凌人的下屬，那樣他會感到他的位置受到威脅，如果以後你再想升遷就沒有那麼容易了。所以在與上司進行語言溝通時，要會表達，表達要清楚，聲音要洪亮，並要盡量使所表達的意思容易被上司聽懂，不要裝腔作勢。

說話人人都會，但是話說得是否動聽有效果。是否能透過說話的過程給他人留下一個良好的印象，就並不是每個人的專長。特別是在與上司進行語言溝通的過程中，懂得說話的藝術及技巧特別重要。上司在公司裡掌握著人事任命的大權，若不小心說錯了話，自己衡量一下後果吧！

劉詩微年輕幹練、活潑開朗，入行不幾年，職位不斷的升遷，沒過多久便成為公司裡的核心人物。幾天前，新老闆上任，一進公司，就把劉詩微叫到辦公室並說：「劉詩微，你經驗豐富，能力又強，這裡有個新專案，你就多費心吧！」受到新老闆的重用，劉詩微歡欣鼓舞。恰好這天要去較遠的公司進行談判，劉詩微進行考量後，由於人多，坐長途車不太方便，眾人也受累，這樣以來便會影響談判效果；叫計程車吧，一輛車又坐不下，兩輛費用又太高；還是包一輛大車好，既經濟又實惠。

他拿定主意之後，並沒有直接去辦理。身在職場有一段時間的劉詩微，在職場生涯中他懂得遇事應該向上司進行彙報一下，這是必要的。由此，劉詩微便來到了上司的辦公室裡，並說：「老闆，您看，我們今天要去談判……」他把幾種出行方案的利弊進行分析了一番，緊接著又說：「所以呢，我決定包一輛車去！」彙報完畢，他發現老闆的臉色不知什麼時候黑了下來。上司對劉詩微說：「是嗎？可是我認為這個方案不太好，你們還是買票坐長途車去吧！」這時劉詩微愣住了，讓他意外的是一個如此合情合理的建議竟然被否決。「按理說這是沒道理的呀，傻瓜都能看出來我的方案是最佳的？」劉詩微大惑不解。

透過劉詩微的這個例子可以看得出：劉詩微凡事多向老闆彙報的意識是非常可貴的，錯就錯在他的「措辭不當。」值得注意的地方是，小詩當時說的是：「我決定包一輛車！」在老闆面前，說「我決定該怎樣做」是上司通常較犯忌諱的。

假如劉詩微能這樣說：「老闆，現在我們有三個選擇，各有利弊。我個人認為包車比較可行，但我覺得您經驗豐富，您幫我做個決定行嗎？」老闆聽到這樣的話，肯定會做個順水人情，答應自己的請求，這樣一來豈不是兩全其美了嗎？

要懂得迎合上司的心理

在生活中，喜歡開黑色玩笑的人一定是熱衷於挑刺的人，這類人常被視為「刻薄」，比較容易引起別人的反感。同事或許會笑過就算了，但冒犯老闆尊嚴的後果是相當嚴重的。如果想在老闆面前留下好的印象，就應該努力地克服自己的人性弱點，學會寬容，學會發掘別人

的優點，慢慢改變「刻薄」的形象，並且要知道語言溝通的重要性。

筱敏工作相當努力，有時為了趕時間，一大清早就要趕到海關報關。滿身疲憊回到辦公室，上司不但不體諒她反而還不分青紅皂白的說她遲到、曠工，不管筱敏怎麼解釋都不行。筱敏委屈極了，就向有經驗的人求教。有經驗的人問她：「你平時是否在言詞上有對老闆不敬啊？」

這麼一問，筱敏就想起了以前的事情，自己平時就愛與同事開玩笑，後來看到上司斯斯文文，對公司裡的員工總是笑眯眯的，膽子一大，就開起了老闆的玩笑。某天，老闆一身光鮮的來上班了，灰西裝、灰襯衫、灰褲子、灰領帶。筱敏誇張的大叫一聲：「老闆，今天穿新衣服了！」老闆聽了咧嘴一笑，還未曾來得及品味喜悅的感覺，筱敏就又接著說了一句讓老闆十分不中聽的話：「像隻灰老鼠！」

還有一次，客戶來找上司簽字，連連誇獎上司：「您的簽名可太好看了！」這時，小敏正好走進辦公室，聽了之後便是一陣壞笑：「能不漂亮嗎，我們老闆在暗地裡練習可有三個月的時間了。」筱敏這句話說出口之後，上司和客戶便同時陷入了尷尬的局面。

由筱敏身上所發生的事情可以得知：開玩笑確實可以拉近同事間的距離，緩和人際關係，但如果玩笑開得過大，就有攻擊人身的嫌疑，就變成黑色玩笑了。黑色玩笑對人際關係的破壞力相當大，筱敏對此卻渾然不覺，這就是她聰明能幹，卻得不到重用的原因。

能夠與上司進行很好的語言溝通，無論於公於私都有很大的好處。在公事上，由於雙方的賓主關係摻雜了一定程度的友誼，在合作上較為默契，這樣就減少了許多不必要的誤會，並且又提高了工作效率。在私事上，上司對下屬的瞭解程度越高，便越能獲得安全感，一切都在上司的掌握之中，調動自如。

有些讓上司不高興或下不了台的話，在與上司進行溝通時必須特別注意。在回答上司的問題時說：「隨便！」「都可以！」這樣的回答，會讓你的上司感到你感情冷漠，不懂禮節，對什麼都一副漠不關心的態度。這樣，你在他心中的好印象就會下降，這可不是件好事情；對上司說：「這件事你不知道？」或「那件事我早就知道了」。這句話中帶有十分明顯的蔑視感，不但是對上司，就是對熟悉的朋友也會造成很大的傷害，差別就是如果對方是你的上司，那你以後的日子可就不那麼好過了；對上司說：「您辛苦了！」這句話可不是你該對上司說的，而是上司對下屬表示慰問時所應該說的話，現在反過來由下對上說，結果似乎會不大妙；對上司說：「太晚了！」這句話的意思是嫌上司動作太慢，以至於誤了事，儘管你不一定有此意，上司也一定會認為你是在責備他，這是他根本無法接受的；類似於「您的做法真讓我感動！」，「經理決策英明，我十分感動」的話。「感動」一詞也是上司對下屬的用詞，

例如：「你們工作認真，負責，我很感動！」如果下屬對上司用「感動」一詞，就不大恰當了。尊重上司，應該說「佩服」。比如：可以這樣說：「經理，我們都十分的佩服您的英明和果斷！」

雖然說在與上司說話時不要過度客氣，但是與上司說話時還是應當小心謹慎一些，顧全大體。但顧慮過多也不可取，容易遭人誤解。應該善於察言觀色，以落落大方的態度去應對，習慣成自然，對這類情況就可以應付自如了。要克服膽小怕事的心態，越是謹慎小心，反而更容易出錯，更容易被上司誤認為沒有魅力，謹小慎微，不值得重用；「我想這事比較難辦一些！」上司分配工作任務下來，下屬卻說：「不好辦」，「比較困難」，這樣直接的讓上司下不了台，一方面顯得自己在推卸責任，另一方面也顯得上司沒有遠見，讓上司面子上過不去；對上司說：「不行是不是、沒關係！」這話明擺著是對上司的不尊重，缺少敬意。退一步來說，也是說話不講方法，是很沒有禮貌的。

在接受上司交待的任務時說「好啊」、「可以啊」在語言含義上帶有批准、首肯的意味，是常用的在上司審核下屬意見時所說的話。正確的說法應是「是」、「知道」，「是」、「知道」表示「接受命令」的意味，用在下屬收到上司的命令時說比較合適。

做錯了事該怎樣進行補救？不小心說錯了話又該怎樣補救？在上司面前說錯了話，一旦覺察到了，應該就此立即打住，馬上進行道歉。不要因害怕而迴避，應該面對事實，盡量避免傷害對方的面子，不必要的辯解只會越辯越糟糕。

向上司彙報工作時，首先要理清思路。明白自己想要說的是什麼，所說事項的預先理出一個先後、輕重順序；天馬行空，不知所云的做法是不可取的。在彙報完工作之後，千萬不要忘記請上司評價一番，指出自己表現的好和不足之處，並作出下一步工作的安排。一來可滿足上司的領導欲望，二來又能給上司留下一個謙遜、工作勤奮的好印象，何樂而不為呢？

不能說的話就一定不說

在與上司進行溝通時掌握會說話的技巧是相當重要的，但是還必須跳出與上司溝通的四個誤區，以免給自己的工作帶來不必要的溝通麻煩。身在職場，職位也會隨著時間、業績的增加越升越高，與上司溝通的時間也會越來越多。今時不同往日，上下班時，見了上司低頭就走過去的職場新人越來越多了，但職場人們躊躇著：是否該拍上司的馬屁？或該不該給上司提忠告？是該事無巨細的彙報，還是努力幹活只彙報業績呢？現在既不是與老闆說笑越多就越好，也並非悶頭做事的就是出色的下屬，溝通時必須預防的四大誤區如果出現在自己

的工作中，應該小心為好。

佳靈與麥可條件十分相近，只是性格上有些不同，佳靈比較注重自我修練，不太關注外界看法，阿麥則是見誰都打得火熱，人稱溝通專家。上司喜歡比較喜歡哪一個呢？阿麥！對，他是比較受歡迎，由於他相當注重別人的看法，對誰都想留個好人緣，對自己的上司，更是務必使其舒服寬心，對比起來，小靈這種直言無忌，我行我素的人，就率先遭到淘汰。

那麼過了半年，阿麥是否升職了？沒有！他被同一個老闆開除，理由是薪水不是付給一個對誰都唯唯諾諾的人，建議他或許適合去服務行業發展吧。

由佳靈與麥可的例子可以總結出，上司是與下屬有根本利益關係的人，所以，自己在溝通的時候必須多做權衡。事實上，過猶不及的拍馬屁和圖口舌之快的個人主義者，老闆都不喜歡，聰明的管理者最看重溝通的效果！比如上司雖然特別喜歡員工誇他是運動高手，但是更希望聽員工把附近的幾個健身館的資訊彙報得再清楚全面一些，感覺這起才到決定性的作用。

與上屬溝通的目的主要是為了解決問題，並不是取悅自己或上司，所以，永遠不要讓自己的溝通形式大於內容。

雅芳進入職場剛剛一年時間，耳朵裡已經灌滿了老闆的閒話，她老闆是高級總監，下轄數十個部門，雷厲風行的作風很容易招來眾人的非議，雅芳特別想把這些情況反映給老闆，也想勸她在管理方式上稍微柔和一點，但又害怕身為行政助理不夠分量，怕被老闆誤會為愛傳閒話的小人。那麼她該不該說呢？

該說！是的，身為下屬，完全有必要也有責任給自己的上司提出針對性的意見，這其實也是上司所期望的，有見識的人才有發展前途，太安於現狀，或者因為害怕不敢說的，通常是碌碌庸才。於是雅芳預約了一個下午工作的空檔，跟上司談了自己的看法，一邊喝咖啡一邊閱讀報告的上司先是心不在焉，接著就皺起了眉頭……最後說：好了，你可以出去了，上司對雅芳說，同樣也給你個忠告：辦公室不是散布流言蜚語的地方。

總而言之，對老闆進言需要較大的勇氣，更需要掌握技巧。已經知道她的脾氣是硬朗型的了，就不適合公事公辦地跟她說某事您做得不對，某人背後對您不滿。事實上你提出一個下午茶邀請，會更能放鬆她的精神，方便進言。忠言總是逆耳的，要選擇好時間地點環境氣氛，才能提高溝通成功的可能性。而雅芳的失敗在於選錯了時間和地點。

在這個等級森嚴，薪水極高的跨國投資銀行裡，每個人都清楚伊莎貝兒是部門經理凱迪的學妹。兩人出自同一所名校，凱迪是她的大師兄，伊莎貝兒十分感激凱迪對她的照顧，兩年內公司內部晉級伊莎貝兒都幸運升級。由於他的信任，但她也看到他喜歡弄權，安排好幾

個陷阱給副部門經理的手腕。內亂導致效率比較低下，團隊裡出事，自然是經理首先遭殃。但這天總經理卻單獨召見伊莎貝兒，要問問她的看法和意見。

總經理說：「我知道凱迪是你的師兄，所以我更希望你客觀公平的陳述事實。」伊莎貝兒沒有猶豫，老老實實把凱迪的把戲和算盤透露了出來，另外補一句：「這些事情本來就與我的原則不和，只是找不到合適的機會跟您進行溝通。」

三個月後，伊莎貝兒被調到後勤部門去管雜務，凱迪辦理完辭職手續後特地去看她，冷笑一聲：「你以為出賣我，你就可以升官發財嗎？走著瞧吧！」

老闆一方面感覺自己的下屬說出了事實，一方面會覺得：「不是他的心腹嗎？平日他對她特別的照顧，並且還一個勁地提拔她，但到關鍵時刻卻落井下石，這種下屬的人品呀……」

遇見類似情況，一種選擇是：態度模稜兩可，躲開是非，前提是自己絕對沒有參與他的弄權手段，只是聽說，那就不足以作為證據提供；一種選擇是跟老闆先說清楚：「從公司的立場出發，我感覺某人某事有些問題，從私人角度來看，這些話本是不願意說的。僅僅就事論事，不針對個人發表任何情緒性評價、總結。」

在辦公室成為某人心腹並不是一個十分明智的表現，哪怕該人在老闆那裡再怎麼炙手可

熱。特別是下屬在與上司進行溝通時一定不要在上司面前挑戰自己的極限。

美蘭那一組是有名的使命必達，什麼搞不定的任務派到她那裡老闆總是最放心：美蘭啊！全靠你了。事實上，人員不齊，設備沒有到位，資金預算壓到特低的程度，動輒還有新的任務壓上身來，美蘭看著老闆期待的眼神，欲言又止。所有的事情總是只有自己一人去解決，還要顧著安撫下屬的不滿情緒：為什麼隔壁部門那樣清閒，為什麼我們成天累得要死卻沒有獎勵……？結局是美蘭在老闆面前痛哭一場：「我再也做不下去了，一年的時間過去了，我快忙出大病來了。」

老闆驚訝的看著失態的她：「美蘭，我一直對你報有相當大的期望，認為你比較專業，有非常大的發展潛力……」從此，在老闆的心裡，就認為她的抗壓能力過於脆弱，並且她不適合擔起更大的重任。

一般來講，老闆都非常喜歡經常向自己作彙報的員工，更看重那種不訴苦能承受工作壓力的員工，這就造成兩種情況：活潑機靈，知道訴苦的職員，老闆會比較容易明白他實力有限，從而給出相對靈活的工作安排，而後一種員工，老闆會認為你是能者多勞，把更多不容易解決的事情派給你。

總之，及時、準確、有效的語言溝通是特別必要的，把自己面臨的困難和需要老闆協助

解決的問題一一列出，這絕對不是表示你能力不夠，而是為了更好的完成工作。不然個人的能力固然被發揮到極限，情緒和體力上的壓力也達到極點，一旦被觸發，將會造成可怕的崩潰——這絕對不是可行的、持續性的職業之道。

在上司面前說話，不妨藏點「拙」

在工作中，你總是非常出色的完成了工作，總是讚嘆自己如同諸葛孔明般聰明，總是譏笑那些「榆木腦袋」似的同事……於是，你看什麼都不順眼，總是覺得自己出類拔萃，總是滿懷欣喜的盼望著加薪、升遷，可是為何總是眼睜睜的看著別人升遷，好事偏偏離你那麼遙遠？

好好想一想，自己平時是怎麼和上司說話的？是不是經常口無遮攔的訴說自己的功勞，貶低其他同事呢？是不是信口開河、滔滔不絕的對周圍的人抱怨呢？其實，這些偏激的語言都逃不開上司的眼睛！他們嘴上雖然不說，心裡其實已經在開始為你打分了，為了你的前途，你還是改變一下自己的說話風格吧！

周偉剛開始在這個公司上班的時候，上司都已經對他說過了薪水不高。周偉之所以留下來，是因為覺得自己需要磨練，需要一個地方增長自己的能力。薪水對於自己來說固然重要，然而更重要的還是個人能力的提高！但是，周偉對高薪水也是充滿嚮往的。他知道這裡的每個人的薪水都是不同的，而自己是一名剛走出校門的學生，又沒有工作經驗，在這裡的薪水是最低的。周偉相信，總有一天自己會一點點將自己的薪水提高，這一天並不是自己走進公司的第一天，而是之後的某一天！

半年過去了，周偉的薪水依然沒有提高。於是，他開始在上司面前隱約的提到這個問題，上司一直裝傻。他有點急了，那天辦公室就自己和上司兩個人，周偉故意提到，這個月的房租又漲了，物價也漲了……言外之意是，薪水什麼時候漲呀？上司笑著說：「別抱怨了，好好工作吧！大家的薪水都是一樣的！」

「是嗎？真的一樣嗎？」其實周偉早就生氣了，但是一直忍著。上司居然說出大家的薪水都是一樣的，他就是不服氣！怎麼會是一樣呢？自己好像比同事少了好幾千元呢！關於上司的薪水，不知道是多少，但是知道他的薪水不知道比自己多多少倍呢！所以那句「真的一樣嗎？」的話就這麼脫口而出了。出口之後，周偉還繼續把長久以來的怨氣都宣洩出來了：「不要以為別人不知道，大家做的工作都是一樣的，憑什麼拿的薪水不一樣呢？要說工作經驗，我也已經在這裡半年了，不能說是什麼經驗都沒有呀？」

上司看了他半天，就像看一隻怪物。周偉覺得自己理由充分，所以一點也不心虛。但是他錯了！第二天，辦公室裡的同事紛紛對他說：「我們剛來的時候比你的薪水還少呢，到現在才一點點提升上去。」周偉心裡一驚，肯定是上司找同事談話了！

周偉這個時候更生氣了，跑進上司的辦公室，他心想，如果你這麼做，我就更要打聽得詳細點了。進了辦公室後，直接問上司：「我想知道這裡的每個員工都是做了多長時間開始加薪的？」上司不動聲色的問他：「你有什麼權利知道？」周偉說：「因為我想知道自己什麼時候可以加薪！還有，你對我有什麼意見可以直接問我，不要讓同事來告訴我，我覺得這樣的做法未免有點太卑鄙了！」上司瞪了他一眼，說：「如果你來上班就是為了將來拿高薪水，那麼我可以告訴你，我這裡沒有高薪水，只有你的業績做到了一定程度，你的價值值得我開給你那麼多薪水，那我就給你開。但是目前，你還沒有做到。我說過，薪水每個人都是一樣的，並不是說你們的數量是一樣的，而是說標準是一樣的。在這裡，都是為工作而來的，沒有工作能力一味談高薪水，我想每個老闆都不歡迎！」

周偉無話可說了，雖然很生氣，但是卻再也說不出來什麼了。周偉知道自己錯了，和上司發生爭執是自己不應該做的，而和上司說這些偏激的話，更不是自己該做的！

在公司上班最忌諱打聽別人的薪水和獎金，別人喜歡對你裝傻，而你自己也不會喜歡告

訴別人。所謂「己所不欲，勿施於人」，就是這個道理。而一旦有了要求上司為自己加薪的想法後，就要擺出自己的成績來給上司看，而不是拿自己和別的同事比較，更不要拿自己的薪水和上司比較，那是永遠沒有辦法說服上司的。

在快遞公司做業務員的人年齡都挺小的，而馬明軍算是他們的老前輩了。但是，他之所以來這裡上班，其實是有原因的！

記得剛來的第一天，馬明軍曾經對上司說：「不想當將軍的士兵不是好士兵！我來這裡工作一定要好好表現，爭取做個人事經理！」上司笑眯眯的，沒有說什麼話。接下來在試用期的三個月裡，馬明軍非常努力，幾乎很少說話。有時同事喊他去聚餐，他會說：「你們去喝吧，我將來要做人事經理，怎麼能這麼放鬆自己呢？」同事每次聽他如此說都顯示出不屑一顧的樣子，馬明軍卻告訴自己：哼，有什麼了不起！不信等著，將來我就是人事經理！可能是他太囂張了，公司裡人事經理開始經常找他的毛病。馬明軍想，他不會是擔心我把他的職位搶了吧？為了給他一個下馬威，就對他說：「剛來這裡的時候，我還真想做個人事經理，但是現在我改變主意了！我將來要自己開快遞公司，不就是客戶嗎？只要能擁有大量客戶，我一樣可以做老闆！」

說這話並不是有意的，但是上司很快就知道了這個事情。他主動找馬明軍談話，他當時

沒有感覺到說出來這種話對自己將會有怎樣的影響，就沒有否認，並告訴經理：「我覺得做快遞業務最關鍵的是客戶，有了客戶才能有業績！而我們業務員做的工作就是不斷開發新客戶！」馬明軍這麼說無非是讓上司明白做業務的重要性，但是沒有想到上司想偏了！其實，現在換位思考一下，如果馬明軍是個上司，也會想偏的。

一個月後，公司進行了調整，馬明軍被辭退了。餘下的業務員出去做業務的時候一律不許留個人的聯繫方式，只准留公司的聯繫方式，他想，這就是為了避免客戶流失。而他卻因為自己的一時逞能失去了自己的工作。這個時候，事實上馬明軍並沒有掌握公司的客戶，第一是幹的時間不長，第二是根本就沒有想到過要這麼做。咳，現在想想，一切都遲了……

事實上，職場中的人幾乎每個都想當領導人，每個都想有一天能獨立門面。但是雖然很多人都有這樣的想法，但是不會說出來。但是偏激的人卻喜歡說出來。說出來的壞處是什麼呢？首先，你的上司會覺得你這個員工想法太多，說不準哪天就將自己的業務占為己有。哪個上司願意養虎為患呢？

張強從大學畢業就在現在這家公司上班，一直到現在，大約有五年了吧。一直以來都是保持少說多做的作風，和誰都不多說話，別人說什麼都和他無關。即使是說對他不利的事情他也無所謂，因為他覺得做好工作上司自然會看到，自然不會虧待他。但是，張強沒有料到的事情還是發生了！

那天張強正在研究一個新的工作，卻看見上司怒氣沖沖的走來，將一個文件「啪」的拍在桌子上，怒吼著：「小張，你在這裡也不是一天兩天了，怎麼連這點事都做不好呢？簡直是一塌糊塗，不可理喻！」張強正專心工作著，沒有想到上司會來這一手，一時還真沒反應過來是怎麼回事，也被這突如其來的事情弄暈了！張強拿過文件一看，上面雖然寫的是自己的名字，但是卻不是他做的文件。於是平心靜氣地說：「這個文件不是我做的，雖然寫的是我的名字……」沒有想到張強的話還沒有說完，上司就更加怒氣衝天了：「不是你做的是誰做的？寫的就是你張強的名字，你以為我不認識字呀？也不知道現在的年輕人怎麼這麼喜歡推卸責任了！」

上司的話讓張強非常生氣，已經辛辛苦苦在這裡工作五年了，別說這份報告不是自己寫的，就算是，出了什麼毛病，也不至於如此吧！辦公室裡那麼多人，怎麼就不懂得給自己留個面子呢？這就說明上司連最起碼的尊重也沒有！竟然這樣，那還說什麼呢？張強壓住火氣說：「我想，從今天開始，你就再也不是我的上司了！」上司愣了一下，問：「你這是什麼意思？」張強平靜的說：「我要辭職！」上司指著文件問：「這報告怎麼解釋？你要賠償我損失！」他拿起文件：「去你的損失，我不做了，你要損失，上法院告我去吧！」說完就

離開了。當時的他一點也沒有惋惜這五年來的辛苦和成就，一點後路也沒有給自己留。

直到一年後，再次遇到了那位上司，張強才知道，當時他的舉動完全是為了考核他的應變能力，因為他當時想把張強調到外聯部門做主任，而外聯工作需要很多的應變能力。五年來張強給他的印象是工作踏實、性格沉穩，但是卻不知道張強處理突發事件的能力如何。所以，就想出了那個主意。張強聽了之後心裡十分後悔。知道一切都遲了，徹底失敗在那個被上司安排好的測試中了……

上司對你發火的時候，你一定要靜下心來聽明白。切記千萬不要和上司發生爭執。因為一旦發生這種爭執，受傷的最終會是你自己！你可以告訴你的上司，你已經做好聽的準備了，請他坦誠的說好了，這樣你反而會起死回生。如果是你的錯誤，請你誠懇的道歉，彌補自己的過失。如果錯誤不在你這邊，你的上司更加不會責怪於你。

和上司說偏激的話，是最愚蠢的做法。即使你真的發現了上司對每個職員的差別待遇，也不能用偏激的語言說出來！畢竟人家是你的上司。你可以以別人的待遇為參考，恰到好處的向上司提出你的要求。上司也有危機感，如果你把自己的雄心壯志表現得太明顯，上司就會感覺你想要另立門戶了！你想，如果你是老闆，你願意親手培養自己的對手嗎？想明白這些，就能明白上司為何如此對你了！

上司發火的時候未必真的想要一個解決事情的方法，他們有時只是某件事情不順利尋找個機會宣洩而已，而令他生氣的事情也未必就是他們所說的事情。此時，你最好能心平氣和的聽上司把氣發完，等他消氣後再去解釋。

機智應對，贏得好感

當上司滔滔不絕的陳述自己觀點的時候，當上司覺得自己的觀點非常好的時候，當上司正為自己的觀點沾沾自喜的時候，你的腦海中冒出了一個比上司還要好的想法。這個時候，你是直接告訴上司呢？還是……如果上司被你的意見弄得很尷尬，此時，即使你的想法很好，也不會被上司看好吧？那你應該怎樣向上司表達自己的意見呢？

那天，上司召集所有員工一起開會，說是要研究一個問題。公司做的是對外貿易，當時正好和一個新的服裝廠商談好了一個專案，進貨服裝的價格非常便宜，上司的意思是他想大量進貨，然後依然按照原來的價格銷售。

當時圖芸的想法和上司的不同，覺得價格應該稍微低一些。因為人們都有這樣的心理，買東西的時候即使便宜一塊錢，也會覺得很實惠。既然進服裝的價格便宜了，為什麼零售和批發價格都和原來一樣呢？還有一個問題，就是進價便宜了，可以大量採購，但是如果價格依然還是原來的價格，有可能衣服的款式就銷售的很慢。不能及時更新款式對於公司來說，也是致命的損失。

圖芸是這麼想的，但並沒有說出來。因為自己只是一名祕書，記錄就是工作。當所有的部門主管將自己的看法說完之後，上司的表情非常激動。大家都是順著上司的，有的人說他的看法好，有的人說如此一來，業績一定會大大上升等等。而圖強也知道，此時不能說自己的觀點，一是因為如此說會影響上司的情緒，二是覺得向上司表達自己的不同意見要更「含蓄」。

開會到最後，上司突然將眼光盯在圖芸身上，笑著說：「我想起來了，我們幾個大老爺們在這裡評論衣服。你看我的祕書小芸，她的衣服多時髦啊！我們的衣服不就是面向這些小女孩的嗎？我覺得她更有發言權！」

圖芸謙虛的說：「其實，我並不是一個時尚的女人，我姐姐很時尚，她經常是非貴的衣服不買！」說到這裡，上司他們一起笑了起來。上司很得意地問：「那你買衣服什麼原則？」圖芸笑著說：「我是那種特別現實的人，如果有兩家服裝店賣一樣的衣服，我肯定會買便宜的，即使只便宜一元。」老闆這次沒有笑，而是陷入沉思。些許，他說：「我想起來了，我們不能將所有的衣服都和原來的價錢一樣，我們要分類處理，一類衣服走高價，一類衣服走低價。」於是，他和幾個主管又研究了幾個方案。最終確定下來新的方案後，上司還請圖芸吃了頓飯，對她表示感謝。圖芸還裝作莫名其妙的樣子說：「這裡也有我的功勞嗎？」後來，衣服銷售得果然很好。圖芸也越來越被器重了。

和上司之間的意見不統一很正常，謙虛的態度很容易使上司對你產生好感。如果你的意見又切實可行，上司還是非常願意接受的！

那天，上司帶著圖芸一起去談業務。這是第一次帶她出來談業務，心裡挺激動的，一是說明上司開始器重自己，二是說明自己有了新的翻身機會。那天，上司喝了很多酒。對方很明顯的想將上司灌醉，圖芸當時不敢阻攔，因為覺得自己只是一名秘書。而且，他們也沒有談到關鍵的話題。後來，情形開始不對了，對方搬出一條有悖行規的條件，上司想都沒想就點頭答應了，圖芸看到對方笑了，知道公司要吃虧了。但是卻不能在這個時候說出自己的不同意見，因為他們都不會聽自己的。

就在這個時候，圖芸想到了一個方法。藉口去廁所，然後打電話給老闆最器重的那個主管，告訴他這裡的情況，然後叫他想個辦法讓老闆暫時離開。回到座位的時候，對方正在要求上司簽訂一份合約，上司也在到處找筆。因為來這裡的時候，上司將文件都放圖芸這裡

了，而他此時喝醉了，都忘記了。對方正打開公事包拿筆給上司，上司的電話就響了。「什麼？你說什麼？」上司的聲音很響，酒幾乎醒了一半。他邊說邊向外走，回頭喊圖芸：「馬上跟我來，公司出事了！」圖芸趕緊跟了上去。看到座位上那兩個人失望的表情，心裡可高興了！在回去的路上，上司的眉頭緊鎖，圖芸不知道那個主管對上司說了些什麼，但是現在的作用是讓上司離開這裡，這就足夠了。

回去之後，圖芸向上司道歉，然後將自己的意見說了出來：「我想辦法叫您回來，其實是想讓您好好考慮一下，那合約該不該簽，不知道您當時想清楚了沒有？對方這麼急迫的想讓您簽訂合約，即使您這次不簽，還是有下次機會的。所以，請您給自己一點時間好好考慮一下。如果您覺得我這麼做不對，請您處分我吧，我做好準備了。但是，請您理解，我這麼做完全是為公司著想。」

上司聽完圖芸的話，微笑著，對著那名他最器重的主管說：「怎樣？我沒看錯人吧？」這個時候，圖芸才明白，原來這是上司給她的一個考驗！

有的時候，你和上司意見不統一，無論以怎樣的態度向上司訴說都可能帶來不好的影響。比如，人多的時候，或上司被別人吹捧的時候等。這個時候，你完全可以把自己的意見暫時放在心裡，等有機會再私下與上司溝通。

魏偉從二時三歲就在這個公司上班，從那個時候開始就跟著上司，不同的是當時只是一名普通員工，如今成了行政助理。這個過程中，最重要的原因可能就是自己是一名比較有思想，同時又懂得如何向上司表達自己觀點的人吧。

其實向上司說出與他不同的觀點，是一件吃力不討好的事情。弄不好，就會丟了工作。但是魏偉的上司還算比較好相處，他喜歡帶著大家去他家玩。他有一個非常溫馨的家，在這裡魏偉和他的老婆孩子玩得都很好，對上司的意見，凡是有不同主張的，也能在這裡說。

有時魏偉會將上司的錯誤無限放大，然後用一種極度誇張的語氣說出來我的看法和主張。上司的家人也都一笑了之，而上司總能從他的話中聽到一些東西，然後更正自己的意見。比如，那次新規章制度中有一條，魏偉覺得不好。就是每個人上班的時候要打卡，下班的時候也要打。但是，卡和人不同，卡是死的，人是活的。有很多員工開始找別人代替打卡，這些上司都不知道。但是魏偉知道，而又不能在開會或在辦公室裡的時候向上司提出，上司本來就以為自己的這個意見很好，大家都會很自覺，如此說破，不僅得罪了同事，也令上司難堪。

那次，在上司家裡玩，魏偉順便給上司的孩子講故事：「有一個人特別懶惰，每天都起得特別晚，上班總愛遲到。於是，他想了個辦法……一個星期過去了，這個人依然起得很

晚，但是卻很少被上司知道，你知道這是為什麼嗎？」上司的孩子搖頭，魏偉說：「這是因為他把自己的卡給別人，然後讓別人替他打刷卡，自己睡大覺！」「哈哈！」大家大笑。上司也跟著笑，之後若有所思地問他：「不知道我們公司是不是這樣？」其實，魏偉知道上司已經明白了他的故事，所以故意笑著說：「當然了，我們公司的員工都是非常聰明的，只有上司蒙在鼓裡。」上司自己也樂了。但是，之後那條制度就被廢除了，取而代之的就是親筆簽名。

如果你和上司混得很熟，使用這種無限放大的方式，不僅可以使上司愉快的接受你的不同意見，同時還能增進你們的關係。當然無限放大的前提是，你的語言幽默、生動，使外人聽不到其中的端倪。

上司也是普通人，他們有時的決策未必都比我們好。當你不認同他們的意見時，你是直接說出來，還是等著以後說，或是永遠都不說呢？一般情況下，如果你確定自己的意見比上司的要好，就一定要準備充分，將你的理由等很好地羅列清楚，然後找一個機會，含蓄的向上司說出來，或者將上司的意見中不足之處隱約的告訴給他。如果你很幸運，接觸的上司脾氣很好，那麼你完全可以和上司開個玩笑，在玩笑中解決事情。但是要記住，和上司開玩笑，一定不要在公司開，而是找一個私人的空間，比如上司的家裡等。

向上司表達不同意見的技巧，並沒有一個一成不變的處理模式。至於怎麼應對才好，要考慮老闆的脾氣秉性、說話的場合等諸方面的因素，然後決定你該採取的方法。

迂迴戰術比單刀直入好

很多人都會面對上司提出的要求自己接受不了的情況，有的人選擇的是默默接受，而有的人選擇斷然拒絕。拒絕上司的人會覺得自己是一個有原則的人，覺得上司的意見不對，就會堅持己見。但如果上司不理解你，就會因你的拒絕而遷怒於你……怎樣才能做到不僅拒絕了上司，而且還讓上司心服口服呢？怎樣掌握拒絕上司的技巧呢？

李冰剛畢業就應聘到一家外企，這幾乎讓所有的同學都狠狠嫉妒了一把。能憑藉自己的實力而不是關係進入這家薪水很高的外企，自然也很得意。在上班的第一天，便自信滿滿，絲毫不理會學長學姊們告誡的要在老同事面前謙虛謹慎的話。

李冰的上司是一名四十歲左右的女人，知道這個年齡的女人愛嘮叨，便刻意的不與她多說話。偏偏她總愛找自己的麻煩，說辦公桌上最好不要擺那麼個性張揚的飾物和明星照片，這樣容易分神，影響工作。李冰聽了想也沒想便回答：「經理，您這是不瞭解現在的年輕人，

他們可是能邊玩邊把工作做好的一代哦。而且工作累了看看這些時尚的東西，也不失為一種很好的調節啊。您不妨也試試看？」

上司聽了沒再多說什麼，但臉色卻是明顯難看起來。李冰想自己又沒有做錯什麼，況且自己做事比她多，業績比她好。但幾天後李冰在帳目上出了點小差錯，她的上司立刻當著眾人高聲的指責李冰道：給你說過多少遍了，不要上班對著那些新鮮時尚的玩意，這樣很容易分神，你就是不聽。這下可好，你一個人出了差錯，全部門都得受累！李冰想當場反駁她，但還是沒吭聲。但從此，兩人的摩擦也漸多起來。

因為業績突出，李冰第一個月的獎金自然很高。女上司笑著說：「剛工作便做出這樣出色的成績，可要請客哦。」李冰聽了一臉掩不住的得意：「這算什麼啊，等一年後我有了更大的業績，一定請你們去有名的大酒店大吃一頓！」但隨後就發現女上司對她更不愛搭理了。

在還沒有參透其中的道理時，就到了一年一度選拔優秀員工的時候。這個獎項，每個人都希望得到，因為它是一個人升遷很重要的催化劑；甚至拿到它，就會有馬上被提拔做主管的可能性。李冰私下裡算了算自己的業績，第一的位置非自己莫屬，那這個先進獎，自然也應該是自己的了。

最後的結果，卻是被一個業績次她一等，但在人前一團和氣的同事奪了去。李冰有點想不明白，便直接去找了女上司。女上司笑眯眯的聽她發洩完，說：「我正有一個消息要告訴你，因為工作關係，你暫時被借調到分公司去工作一年。」李冰一下子呆住了，這個所謂的借調，其實是遭貶。

事後，那名得了先進獎的同事笑著對李冰說：「其實，你很優秀，但是我覺得除了學業、能力之外，你還要好好的學習一下如何說話和如何處世，職場不是校園，沒有那麼單純；個性要有，努力要有，但與人說話，也是極其重要的，一個人的成功與否，有時候可能就會被一句話左右啊。」

拒絕講究方法，不管上司的要求有多無理，斷然拒絕都不是好的處理方式。在職場上遊刃有餘的人往往是那些與上司關係融洽的人！

上司每次約見重要客戶都要帶著萬璐，萬璐已經成了公司裡有名的「業務交際花」，因為她是最漂亮、並仍舊單身的女孩，這種應酬最直接的「後果」是，萬璐經常被一些或真心或假意的男人「騷擾」。煩的是上司還要發話：「這是重要客戶，不要得罪他們。」很多時候，萬璐都忍受著，不知道該如何拒絕上司以及該如何拒絕客戶。

一次，萬璐認識了一位三十四歲的「鑽石王老五」，他似乎看萬璐很順眼，頻頻向萬璐發

出私約邀請。出於不得罪的規矩，萬璐隨叫必到，不想「王老五」硬是認準了萬璐的不拒絕就暗示著接受追求。其實他的人是不錯，只可惜不屬於萬璐喜歡的類型。可是隨著「王老五」的愛情攻勢日見猛烈，在工作上也還有求於他，萬璐不禁進退兩難。終於有一天，可怕」的時刻到來了，王老五向萬璐表白。「我有男朋友了。」萬璐說。「我問過你們老總，他說了你沒有。」王老五一點都不死心，「我現在不想談戀愛，」萬璐說。「沒關係，我們可以慢慢相處。」王老五依然不死心。萬璐想來想去，這個事情要和上司好好談談。

萬璐是這樣對上司說的：「首先，我不是交際花，如果工作需要我去出席某種場合，那麼我可以去，但是像這樣的騷擾我不希望有，我希望您能尊重我的隱私，不要將我的私人隱私訴給客戶。其次，這段時間我很累，我想好好休息，請給我三天假期，叫我好好清靜一下。」上司看了看萬璐，微笑著說：「對不起。」

很多時候上司並沒有什麼惡意，他也許真的想在自己的客戶中為你安排一段美好的姻緣，只是他並不瞭解你的需要。所以，一旦事情發生後，要學會使用一些技巧來拒絕上司，讓上司明白，他的安排，你並不喜歡，也不需要。

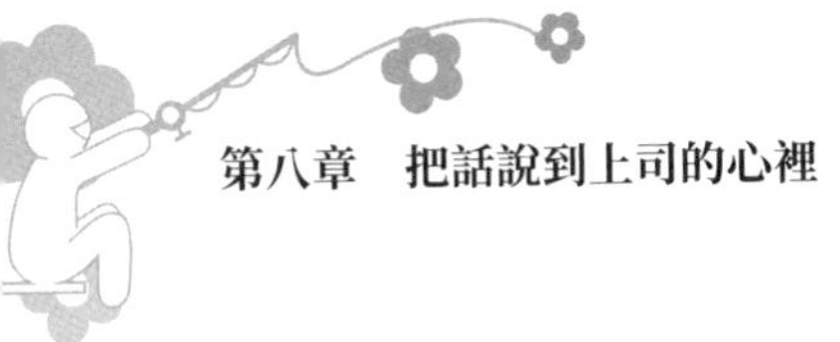

第九章　贏得下屬的人心

拿破崙說過，不想當將軍的士兵不是好士兵。同樣的道理，一個不會誇獎員工的上司也不是一個好上司。要想獲得下屬的尊重和理解，就要懂得先去理解和欣賞下屬。優秀的上司會懂得何時去認可下屬的工作，並會給予他們發自內心的真誠讚美。稱讚下屬是一種智慧，你在欣賞下屬的時候，也在不斷的提升和完善自己。

安慰你的下屬

我們在遇到挫折時，都希望能得到他人的安慰。同樣，當你的下屬遇到挫折時，你也有責任去安慰他。然而安慰並不僅僅是說幾句讓對方寬心的話，安慰也是有藝術性可言的。合適而恰當的安慰，能讓人擺脫苦惱；而不當的安慰不僅不能幫助對方，反而還可能加深對方

的傷痛。由此可見，安慰還是需要掌握一些技巧的。

出於心理因素，遇到挫折的下屬一些言行舉動，有時會令人可笑，有時會令人可悲。他也許會占用你寶貴的時間，耗費你的精力，模糊你重要的判斷，但要記住，儘管下屬傷心的只能看到事情的悲觀面，但他們一般並無惡意，他們只是需要同情。那種認為他們是自作自受的觀點是不對的。

管理者對待一時失意的人，不可輕視他們的人生觀對你的神經的麻痹，鬆懈你的警惕。一個團體內，要是某一個人有悲觀的情緒，就可能阻礙整個團體的進步。必須注意兩種結果：一是這個團體的整體成績是否欠佳；二是你本人的熱情和幹勁是否降低。對待下屬除了情感幫助外，給他一個合適的工作職位也是重要的，職位正確，他們就會產生一種受人器重的心理。如將他放在生產線的末端，下屬可以成為良好的監督者，即使不出現問題，他也會雞蛋裡挑骨頭，要是確實存在差錯，他也會比別人更能把差錯找出來。

「微軟之王」比爾蓋茲認為：當一個人為生計發愁時，他就會發揮自己的潛能，進行創造性思考，恰恰在這種時候，最容易做出成績，而且這種人比事業順利的人更具有承受挫折的能力。微軟公司以後也將會經歷挫折，那麼，這些曾經失業的人才必定會在逆境中做得更加出色。因此，蓋茲一旦發現本行業中比較出色、但因所在公司經營失敗而失業的人才，就會

在適當的時候聘請他來微軟工作。而心理學上的相關研究也印證了比爾蓋茲的這一觀點，據心理學家研究，一個受挫的下屬更需要得到心靈上的安慰，更渴求有人能填補他心靈上的空白，治療他心理上的疾病。因此，當一個獨具慧眼的管理者向他們拋出橄欖枝並予以重用的時候，他們更能激發潛能，努力工作，甚至達到以死相報的境地。

齊國人馮諼由於貧困潦倒，幾乎沒有辦法維持生計了，非常失意。無奈之下，馮諼前去投靠孟嘗君。孟嘗君問他有什麼才能沒有，他說沒有，但是禮賢下士的孟嘗君還是把他收留了下來。後來，馮諼兩次三番地對所受到的待遇感到不滿，於是彈劍而歌，孟嘗君得知後，都一一滿足馮諼的要求，讓其在心理上有了滿足感和安全感。後來，馮諼自願去薛地收債，透過巧妙地操縱，讓薛地百姓都對孟嘗君感恩戴德。為孟嘗君開闢了一條後路。

馮諼之所以竭盡全力的為孟嘗君做事，就在於報孟嘗君的知遇之恩，報孟嘗君救自己於失意之中之恩。可以說，在這一點，管理人才的大師孟嘗君確實有獨到之處。其實，像這樣的事例在歷史上何其之多，他們最終都取得了雙向的成功。

在與下屬相處的時候，管理者要想拉近與下屬的距離，抓住下屬的心，就要講求安慰人的「心技」，在最恰當的時候給他以力量。

要成功掌握安慰人的「心技」，親切地的呼喚部屬的名字，或視情況活用部屬家人的資訊

是最基本的要素。更重要的是，要隨時能敏銳的掌握部屬心理微妙的變化，適時的說出吻合當時狀態話語或採取行動，就能抓住部屬的心。

當下屬在工作、生活、情感出現問題而傷心難過時，很多管理者就會好言相勸「沒關係，堅強點」。要麼幫助分析問題，告訴他「你應該怎麼做」，還有些管理者會批評對方：「我早就跟你說過……」其實，這些做法不僅不能使下屬得到安慰，還會使對方更加傷心。因此，安慰人也要講心理技巧，要根據對方的心理活動，給予最貼心的撫慰。

要傾聽對方的苦惱。由於生活體驗、家庭背景、所受的教育、工作性質等不同，形成了每個下屬對於苦惱的不同解讀。因此，當試圖去安慰一個下屬時，首先要理解他的苦惱。安慰人之道，聽比說重要。一顆沮喪的心需要的是溫柔聆聽的耳朵，而非邏輯敏銳、條理分明的腦袋。聆聽是用我們的耳朵和心去聽對方的聲音，不要追問事情的前因後果，也不要急於做判斷，要給對方空間，讓他能夠自由表達自己的感受。聆聽時，要感同身受，對方也會察覺到我們內心的波動。如果我們對他的遭遇能夠「悲傷著他的悲傷，幸福著他的幸福」，對被安慰者而言，這就是給予他的最好的幫助。

要接納對方的世界。安慰下屬最大的障礙，常常在於要去安慰者無法理解、體會、認同當事人所認為的苦惱。人們容易將苦惱的定義局限在自我所能理解的範圍中，一旦超過了這

個範圍，就是「苦」得沒有道理了。由於對他人所講的「苦」不以為然，因此，安慰者容易在傾聽的過程中產生不認同，迫不及待的提出自己的見解。因此，安慰者需要放棄自己根深蒂固的觀念與偏見，真正站在對方的角度去看他所面臨的問題。心理專家說的「放下自己的世界，去接受別人的世界」，就是這個道理。最好的安慰者，是暫時放下自己，走入下屬的內心世界，用他的眼光去看他的遭遇，而不妄加評斷。

要探索對方走過的路。安慰下屬的管理者常常會感到自己有義務為對方提出解決辦法。殊不知，每個被苦惱折磨的下屬，在尋求安慰之前，幾乎都有過一連串不斷嘗試、不斷失敗的探尋經歷。所以，我們所要做的就是，探索對方走過的路，瞭解其抗爭的經歷，讓他被聽、被懂、被認可，並告訴他已經做得夠多、夠好了，這就是一種安慰。

心理專家提醒安慰者一個重要的觀念：「安慰並不等同於治療。治療是要使人改變，借改變來斷絕苦惱；而安慰則是肯定其苦，而不是做出斷其苦惱的嘗試。」實際上，在安慰下屬的過程中，所提供的任何解決方法都很可能會失靈或不適用，令對方再失望一次，因此不加干預、不給見解，傾聽、瞭解並認同其苦惱，是安慰的最高原則。

另外，陪下屬出去散散心或者參加某種活動甚至外出旅遊也是一種安慰。下屬會在你的陪伴下，覺得安全、溫暖，於是傾訴痛苦，訴說他的憤恨、自責、後悔，說出所有想說的

話，當他經歷完暴風雨之後，內心會逐漸平靜下來，坦然面對自己的遭遇時，他會真心感謝你的陪伴，也覺得是靠自己的力量走過來的。

安慰人是一門技巧，是一種為別人調節心理的大學問。管理者要想真正俘虜下屬的心，讓其對自己產生感激之情，死心踏地的為自己工作，就一定要掌握好這門技巧。

責備下屬要把握分寸

在這個世界上，沒有人永遠不犯錯誤。在犯了錯誤的員工面前，你可能會忍不住大發雷霆，當場批評犯錯者的行為。然而，狂風暴雨之後，你可能沮喪的發現，你的批評並沒有被對方接受，甚至，換來的結果可能與你的初衷截然相反。

被批評可不是什麼光彩的事，沒有人希望在自己受到責難時召開一個新聞發布會。所以，為了被批評者的顏面，你在批評他的時候，最好避免第三者在場。不要將門大開著，也不要高聲叫嚷著好像要讓全世界人都知道一樣。如果你率直的當眾指出某一個人不對，不但得不到好的效果，還可能會對對方造成更大的傷害。你指責他人不僅傷害了他人的自尊，並且也使自己也成了一個不受歡迎的人。

當下屬犯錯誤時，如果你能以溫和的方法來處理，他們會自己認錯，甚至覺得爽直坦白是很光榮的。但是，如果你當眾指責他的過錯，就會將事情擴大，甚至會傷害你與他的感情。試想，如果對方會在批評你時維護你的自尊，你可能更會心存感激。這也是一種間接處理問題的方式，是在給對方一個緩衝的餘地。

波士頓是一家工程公司的安全協調員，他的職責之一是監督在工地工作的員工戴上安全帽。每次一碰到沒戴安全帽的人，他就會官腔官調地批評他們沒有遵守公司的規定。員工雖然表面接受了他的訓導，但卻滿肚子不愉快，常常在他離開後就又將安全帽拿了下來。於是，他決定停止當面批評。當他再發現有人不戴安全帽時，就問他們是不是帽子戴起來不舒服，或有什麼不適合的地方，然後他會以令人愉快的聲調提醒他們，戴安全帽的目的是為了保護自己不受傷害，建議他們工作時一定要戴安全帽。結果遵守規定戴安全帽的人越來越多，而且也不再像以前那樣出現怨恨或不滿情緒了。

其實我們都有這樣的感受，批評人是一件令人十分難為情的事情。無論是在那種情況中多少都會有些尷尬。實際上，批評的真正目的並不在於罵得對方體無完膚，徹底的打敗對方，而是糾正對方的錯誤。然而，如果我們不分場合地批評對方，被批評者永遠只會怪罪於你或他人，而絕不可能自省、承認錯誤。所以，當你想批評別人時，你將會發現一點：我們所要批評、責備的人，不論其是否有錯，都將會執意強辯，為自己的行徑尋找藉口，甚至惡言反撲。

無論你採取什麼樣的方式批評下屬的錯誤，比如一個蔑視的眼神，一種不滿的腔調，或者一個不耐煩的手勢，都可能帶來難堪的後果。你以為他會輕易認同你所指出的不是嗎？絕對不會！因為你否定了他的智慧和判斷力，傷害了他的自尊心和感情。他不僅可能不會改變自己的看法，反而還會對你進行反擊，來證明他的正確性，維護他的自尊。永遠不要說這樣的話：「等著看吧，你很快就會知道誰是對的！」這其實就等於在說：「我會讓你改變看法，我比你更聰明。」這實際上是一種挑戰。在你還沒有開始證明對方的錯誤之前，他已經準備要迎戰了。由於你不給面子，他的反擊也會毫不留情。所以，在批評他人時要試著多去諒解他，唯有如此，才能不受其弊；也唯有如此，才能使你所不願看到的狀況得到改善。

批評之所以會被人反抗，大多出於兩個原因：一是批評者不瞭解當事人的處境和他造成錯誤的原因，讓當事者感到被批評的委屈；二是批評者採用了權威性方式，暗示當事人的行為笨拙或愚昧，從而引起下屬的反感。

行動失誤、辦了錯事的人，常會有防衛自我尊嚴的傾向。此時，如果再有人以權威者的姿態出現，指責他的想法不夠高明，或者行動不夠周密，他的防衛傾向就會更強烈。這個時候，對你的批評充耳不聞乃是最自然的反應。所以，在批評別人時，一定不要只顧自己一味的發脾氣，得理不饒人。如果不講究批評的方法和藝術，結果只會與初衷適得其反。

一次，張主任怒氣沖沖的衝入辦公室，啪的一聲將一份報告都摔在祕書王昭的桌上，辦公室裡其他幾個人同時都愣住了。張主任以為這是個懲一儆百的好機會，就大吼道：「你自己看看，都幹這麼多年了，居然還寫這樣空洞無物的報告，送到總經理手中，人家一定會認為我們都難勝其任，以後腦子裡多裝點東西，別天天沒精打采的！」說完，一甩手就走了，王昭被眾人盯著看，尷尬異常。之後，張主任原以為辦公室的工作效率會有所提高，然而事與願違，大家都躲著他。非配工作時，不是說沒時間，就是說手頭還有要緊工作要做。張主任此時才品出一點端倪，意識到懲一儆百此舉並不明智。

人人都愛面子，換一種批評的方法，其結果可能就會大相徑庭。

有個人在一處禁捕的水庫內捕魚。遠處走來一個員警，捕魚者心想這下可壞了。誰知道員警走近後，不僅沒有大聲訓斥他，還和氣的問他：「先生，你可真會選擇地方，這裡的水的確很清澈，但是您在此洗網，下游的河水會不會被污染呢？」這樣一說，這位捕魚者早已羞紅了臉，非常誠懇的向員警道歉。

這位員警非常高明，他根本用不著粗著脖子大聲去訓斥這位犯錯誤的捕魚者，而是明知你有錯，卻偏偏誇你不錯，讓你自己去知錯、改錯。這樣，既照顧到了你的面子，也為自己贏得了好名聲，可謂一箭雙雕。

就心理學而言，一個批評與被批評的過程是批評者與被批評者在思想、感情上的相互交流與認同的過程。人在批評過程中越是尊重、理解對方的處境，就越能獲得對方對自己批評意見的重視與接受。在發表批評意見中，尊重能使人懂得維護他人的自尊心，維護其面子；不出語傷人，不逞口舌之快，設身處地的去替他人考慮；說話不自以為是，不強加對錯於人。人們越是能尊重理解人，就越能冷靜、客觀的面對別人的批評意見。從這個意義上來說，尊重、理解，才是使忠言不逆耳、聞過不動怒的轉化條件。

千萬不要將批評當作發洩不滿情緒的方式，批評不是發洩情緒，除非你是惡意的批評。善意的批評是要為對方著想，而不是純粹表達自己的憤怒。被批評者在接受批評時，可能會產生兩種截然不同的感受：一種是很快意識到對方是在為自己好，是善意的批評；另一種則是認為對方在找人發洩心中的不快，是惡意的批評。在這兩種不同的感受之下，人們對批評所接受的程度也完全不同。

因此，當你拿起批評這個武器時，一定要首先搞清楚需要批評的原因，不要將自己的利益放在第一位，要讓對方感到你對他的批評是有益的勸導，這樣對方才更容易接受。

和下屬說話不要太過分

在一個團隊中，上司無疑占有絕對的權威地位，作為下屬一般都只有服從的份。這就使得一些擁有絕對權威的上司往往口無遮攔，對下屬想說什麼說什麼，甚至在大庭廣眾之下還厲聲呵斥，一點面子也不給下屬留。其實，下屬和上司一樣，都是有面子的人，也都愛面子。面對上司的蠻橫，他們會產生強烈的逆反心理。所以作為上司，不論在任何場合，對下屬說話都要留面子，不要將話說得太絕。

多年前，奇異公司面臨一項需要慎重處理的工作，免除查爾斯．斯泰因梅茨的部門主管之職。斯泰因梅茨在電器方面是一等一的天才，但擔任部門主管卻是徹底的失敗。然而，公司又不敢冒犯他，也絕對解雇不了他，而斯泰因梅茨性格又十分敏感。於是，公司給了他一個新頭銜，讓他擔任奇異公司顧問工程師，工作還是和以前一樣，只是換了一個新頭銜，並讓其他人擔任部門主管。

斯泰因梅茨非常高興，奇異公司的高級管理人員也很高興。他們已經溫和的調動了這位最暴躁的「天才明星」的職位，而且他們這樣做也沒有引起一場大風暴，因為他們保全了他的面子。

讓下屬保全面子，這是很重要的，但有些管理者卻很少能做到這點，常常會殘酷的傷害下屬的感情，而又自以為是。就像我們有時在其他人面前嚴厲的批評一個小孩或成人，甚至不去考慮會不會傷害他們的自尊。然而，一兩分鐘的緩衝思考，一兩句體諒的話，就可以減少對別人的傷害。下次，當我們必須懲戒他人時，應該記住這一點。

審定合格的會計師馬歇·葛倫傑說：「解聘別人並不有趣，同樣，被人解雇更無趣。我們的業務具有季節性，所以，當所得稅申報熱潮過後，我們不得不讓許多人離職。我們這行裡有個笑話：沒有人喜歡揮動斧頭。所以，大家都變得麻木不仁，只希望事情趕快過去才好。通常，例行談話都是這樣的：史密斯先生，旺季已經過去了，我們已經沒有什麼工作可以分派給你做了。當然，你也清楚我們只是在旺季的時候才雇用你，因此……」

「這種談話會讓人感到很失望，可能還有一種被損及尊嚴的感覺，所以，除非不得以，我絕不輕易說解雇別人，而是委婉的告訴他：『史密斯先生，你的工作做得很好。上次我們要你去紐華克，那裡工作很麻煩，而你卻處理得非常好，一點也沒出差錯。我想告訴你，公司以你為榮，也相信你的能力，願意永遠支持你，希望你別忘了這些。』結果被遣散的人感覺好多了，至少不會覺得損及尊嚴。他們知道，如果我們有工作的話，還是願意繼續留他們做的，或是當我們以後再需要他們時，他們也是非常樂意回來的。」

美國賓夕法尼亞州的佛雷德·克拉克談到發生在他們公司的一件事。

一次，公司在開生產會議時，副總裁提出了一個有關生產過程管理的尖銳問題。他氣勢洶洶，矛頭指向了生產部總監，一副準備挑錯的架勢。為了不讓自己在同事面前出醜，生產部總監對問題避而不談，這就使得副總裁更加惱火，直罵生產部總監是個騙子。再好的工作關係，都會被這樣的火爆場面所破壞。說實話，生產部總監是個好員工，但他因為這件事的影響再也不能留在公司了。幾個月後，他離開了公司。

法國飛行先鋒和作家安托萬·迪·聖修伯里說過：「我沒有權力去做或說任何事以貶抑一個人的自尊。重要的並非我覺得他怎樣，而是他覺得自己如何，傷害他人的自尊是一種罪行。」

當然，下屬也許真的在某件事上出現了失誤，不過即使這樣，作為管理者你也要充分顧及到下屬的面子。在此基礎上，你再從深層挖掘錯誤的原因，或者用委婉的方式曉之以理，動之以情，循循善誘，才能逐步幫助下屬從內心裡接受你的批評或建議。

作為一名管理者，當一名盡職盡責的下屬向你提出合情合理的加薪要求時，你是否能欣然應允，讓雙方皆大歡喜呢？但是，別忘了，你可能剛剛還在為公司正面臨利潤下滑、預算緊縮而頭疼。如果口頭應允了對方的加薪要求，你拿什麼去兌現呢？然而，一口回絕是不是

也不太好呢？面對這種令人左右為難的問題，你打算怎麼辦？像鴕鳥那樣，將臉埋入沙子，等問題自動消失，還是把拒絕的話留到明天再說，過一天算一天呢？雖然這都不失為一種解決之道。但是，如果真這樣做，你看起來就不像一個出色的管理者了！

實際上，如果你能對形勢估計得足夠正確，對情況分析得足夠透徹的話，不妨當機立斷，果斷的向對方表明態度。

如果拒絕對方是在所難免，但果斷的拒絕不等於容許管理者不近人情。像下面這位主管的拒絕，簡直就是氣死人不償命「加薪？公司今年業績不好，你也不是不知道。況且公司剛剛失去一個大客戶，我還不知道怎麼彌補損失呢，你還提加薪？現在連工作都不好找，就算減薪都不意外的！」試想一下，那位好不容易才鼓足勇氣提出加薪的員工，不僅沒有獲得加薪，還惹出這麼多不順耳的話來，他還有心情為公司好好工作嗎？

所以，就算你是老闆，對公司員工有絕對的優勢和主動權，但這個時候最好也講究一下說話策略。尤其是對那些對公司作出過很大貢獻，具有一定實力的員工，拒絕更應慎重。因為這些員工可能在提出加薪要求前已經為自己準備了後路——加薪不成，另謀高就。如果你不打算失去這樣的員工，說話就要慎重小心。即使要拒絕對方的要求，也要說得充滿人情味，在談話中將此人的能力與公司的需求相衡量，然後基於他的工作表現，巧妙而委婉的否

定他的要求。

與下屬說話要展示親和力

人情話並不全是虛無飄渺的閒扯，有些人情話也並非一張嘴就能說出來，而是需要一種寬闊的胸襟和做大事的氣度。所以在某些特定條件下，從某些特殊的人嘴裡說出的一些人情話，會讓人感覺有千鈞之重。

趙雲大戰長坂坡，九死一生救出少主劉禪，當他從懷中把仍在熟睡的劉禪抱給劉備時，劉備接過來，擲之於地：「為汝這孺子，幾損我一員大將。」果然，趙雲泣拜：「雲雖肝腦塗地，不能報也。」

捨不得孩子套不來狼，關鍵是豁出孩子。但說起來容易做起來難，因為他要付出很大的代價。大同小異，作為管理者，身邊沒有一兩個忠士也是不行的。所以，管理者都習慣說一些收買人心的人情話來獲得他人的忠誠。

秦穆公就很注意施恩布惠，收買民心。一次，他的一匹千里馬跑掉了，結果被不知情的百姓逮住後殺掉吃了。官吏得知後大驚失色，把吃了馬肉的三百多人都抓起來，準備處以極刑。然而秦穆公聽到稟報後卻說：「君子不能為了牲畜而害人，算了，不要懲罰他們了，放他們走吧。而且，我還聽說吃過好馬的肉卻不喝酒，是暴殄天物，對身體大有壞處。這樣吧，再賜他們些酒，讓他們走。」

過了些年，晉國大舉入侵，秦穆公率軍抵抗。這時有三百勇士主動請纓，原來正是那群被秦穆公放掉的百姓。這三百人為了報恩，奮勇殺敵，不僅救了秦穆公，還幫秦穆公捉住了晉惠公，大獲全勝而歸。

看來，管理者讓下屬辦事也要學會收攬人心。只有籠絡住下屬的心，才能更好地讓下屬心甘情願為自己效力。

晚清紅頂商人胡雪巖是個商業奇才，同時他還是個善於籠絡下屬的高手。一天，胡雪巖外出，路上遇到了剛被辭退的一家錢莊的出納李治魚，便邀他來到一家路邊小店一起喝酒。席間胡雪巖問道：「李兄，到鄉下有什麼好活計？」李治魚嘆道：「無非就是割麥插秧，笨重農活，只求果腹而已。」胡雪巖說：「可惜了你一身銀錢絕技，卻派不上用場，難道就這樣英雄末路，委屈一生嗎？」「惡名在外，誰還敢用我，只好認命啦。」李治魚無奈的說。

胡雪巖目光炯炯，逼視他道：「如果有人相信兄台的為人，請師兄再回錢莊主掌出納，你意下如何？」李治魚疑惑道：「若果真如此，便是重生父母、再造爹娘，但誰又能如此大

膽，敢違抗同業大會的意願？」胡雪巖道：「此人遠在天邊，近在眼前，便是小弟我。」李治魚大吃一驚：「果真如此嗎？」胡雪巖爽快答道：「小弟與兄台同業同行，英雄惜英雄，對您向來極為敬佩，今日願請兄台主掌錢莊，共同幹一番事業。」

李治魚方知是實，絕境之中如同從天上掉下了餡餅，哪有不願意的道理！當下便感激涕零，要給胡雪巖跪謝大恩。胡雪巖忙扶住他說：「自家弟兄，不必如此拘禮，今後務必同舟共濟，共興錢莊大業。」然後掏出一張兩千兩的銀票給他，說：「從現在起，師兄就是阜康錢莊的出納，每月定餉十兩，年底另有分紅，這銀票拿去，隨取隨用，訂房子、雇夥計、購雜物，任你支派，不夠再說一聲，我隨時補上。」一番真情實意，慷慨大度的安排，令李治魚心悅誠服，高聲道：「雪巖老弟不必多慮，只看咱神算李手段！」胡雪巖道：「從此以後，咱弟兄倆就是一根線上的螞蚱啦，同呼吸共命運，吃香喝辣，都在一起。」一番人情話說出後，一個錢莊的好手已成了他死心塌地的戰友。

有時，有些人情話好像分量顯得並不重，但因為是從特殊人物的嘴裡說出來，儘管輕描淡寫，卻也能收到奇效。無論是誰，都願意在一個富有人情味的團隊裡工作和生活。這種人情味的注入，首先是該團隊領導的責任，因為領導是否善解人意，是否體恤和關懷下屬，直接決定著這個團隊人性化氛圍的濃度。對於新生代員工來說，他們最在意的，就是別人對他們的態度。而善解人意的背後，正是體現了上司對下屬的那份最可貴的尊重。

假如一個員工今天氣色不好，你要問問他有沒有什麼不舒服；如果他請假去照料他生病的妻子，那麼當他來上班時，要問問他妻子康復了沒有；倘若發現他今天走路一瘸一拐，要問問他怎麼回事；如果他經常談起他女兒上學的事，可以關心一下他女兒在學校的成績如何。雖然這些只是一點小小的關心，但他會時常感念你的恩德。這樣做當然不難，然而在日常生活中，你會驚奇的發現，這種小小的關心竟使你的上下級關係迥然不同。

古代希臘最偉大的雄辯家之一狄摩西尼曾說：「一條船可以由它發出的聲音知道它是否破裂，一個人也可以由他的言論知道他是聰明還是愚昧。」這句話告訴我們，人們往往用內心的思想來評斷自己，但是，別人卻會從你口裡說出來的話來評斷你這個人。

紀曉嵐是眾所皆知的機智才子，此外，他還是個絕佳的溝通高手。紀曉嵐在小的時候就已經非常有大將之風了。有一次，他和幾個孩子在路邊玩球，一不小心，把球丟進了一個轎子裡。大家匆匆忙忙地跑過去一看，這可不得了！轎子裡坐的竟然是縣太爺，不僅如此，那皮球還不偏不倚地擊中了他的烏紗帽！「是誰家的孩子膽敢在這裡撒野？」烏紗帽被天外飛來的一球打歪的縣太爺怒斥道。孩子們一哄而散，唯獨紀曉嵐挺著胸膛，走上前去想討回皮球。紀曉嵐恭敬的對縣太爺說：「大人政績卓越，百姓生活安樂，所以小輩們才能在這裡玩

球。」縣太爺一聽，氣馬上消了一半，他笑著說：「真是個小鬼靈精！這樣吧，我出個上聯給你對，要是你對得上，我就把球還給你。」縣太爺環顧了一下四周，出了道題目：「童子六七人，唯汝狡！」紀曉嵐眼睛一轉，說出了下聯：「太爺二千石，獨公……」「獨公什麼？趕快說啊！」「大人，如果把我的球還給我就是『獨公廉』，要不然就是『獨公……』」紀曉嵐故意支支吾吾地不說下去。縣太爺看到這種情形，不由得哈哈大笑，他一邊把球還給紀曉嵐一邊笑罵道：「好小子，真有你的！我才不要中了你的圈套，成了『獨公貪』咧！」

大人物也好，小人物也好，讓人從心裡感動的人情話都應該多說，這樣會給自己的人際關係創造一個良好的氛圍。

抓住小事，給下屬戴頂「高帽子」

要做成一些事情，或促使別人做成一些事情，激勵是不能少的。如果一名好員工變成了一個粗製濫造的員工，作為管理者的你，該怎麼辦呢？當然，你可以解雇他，你也可以給他減薪懲罰，你更可以對他大發雷霆，但關鍵在於，你這樣做能解決問題嗎？不能。不僅不能，而且這樣做還可能把你們的關係搞得更僵，甚至造成兩敗俱傷。

莎士比亞曾說過：「如果你沒有一種德行，那麼就假裝你有吧！」更有效的是，公開的假設或宣稱他已具備了你希望他擁有的那種德行，給他一個好的名聲，讓這德行作為他努力的方向，即使他以前犯了錯誤，也一定會痛改前非，努力向上，而且拼了命也不願讓你看到你對他期望的破滅。

瑪麗是一位優秀的小學老師。在新學期的第一天，她的班上調來了全校最頑皮的男孩子傑克。這個男孩不僅喜歡惡作劇，與男生打架，逗弄女生，還對老師非常無禮，經常擾亂班上的正常秩序。當然，他也不是一無是處，他能夠很快就學會學校的功課，成績也非常優秀。

瑪麗不得不面對「傑克問題」。當她見到她的新學生時，她這樣說的：「露絲，你的衣服可真漂亮；貝蒂，聽說你的歌唱得很棒，我一定要聽聽……」當她點到傑克時，她直視著傑克，然後說：「傑克，聽說你是一個天生的領導人才。今年我要靠你幫助我把這個班變成年級最好的一個班了，你一定和我一樣有信心對不對？」此後，每次上課時瑪麗都會強調這一點，誇獎傑克在班內所做的一切，並評論他的行為正代表著他是一位非常優秀的學生。有了值得奮鬥的美名，即便傑克僅僅是一位十歲大的孩子，他也不希望令老師失望。到了學期末，他真的做到了這一點。

要記住，如果你想得到下屬的真誠相待，最有效的方式就是抓住小事，給下屬戴頂「高

帽子」，得到對方的認可。如果你想讓對方成為一個什麼樣的人，或者做成什麼事，你只要讚揚他現在就是這樣的人，或一定能做成這樣的事就不會出錯。

羅伯特在加州開了一家印刷廠。他的印刷廠承接的東西品質都非常精細，但印刷員是個新來的，不太適應他的工作，所以主管很不高興，想解雇他。羅伯特知道這件事後，就親自到了印刷廠，與這位年輕人交談。羅伯特告訴他，對他剛剛接手的工作，自己非常滿意；並告訴他，他看到的產品也是公司最好的成品之一，他相信他日後一定會做得更好，因為自己對他充滿信心。這能不影響那位年輕人的工作態度嗎？幾天後，情況就大有改觀。年輕人告訴他的同事，羅伯特先生非常信任他，也非常欣賞他的成品。從那天起，他就成了一個忠誠而細心的工人了。

每個人都渴望獲得別人的賞識和信任，而且也會不顧一切地想要得到它。談到改變人，一位智者曾經說過：假如你我願意以激勵一個人的方式來瞭解他所擁有的內在寶藏，那我們所做的就不僅僅是改變他，而是徹底改造他。

美國有史以來最著名、最傑出的心理學家威廉·詹姆士說：「若與我們的潛能相比，我們只是處於半醒狀態。因為我們都只是利用了我們的肉體和心智慧源的極小的一部分而已。從大的方面講，每個人離他的極限還都遠得很。我們擁有各種能力，但往往習慣性的忽視它。」

在這些習慣性被忽視的能力之中，有一種你肯定沒有發揮出來，那就是信任別人、鼓勵別人，使其發揮潛能的能力。

每次觀察公司內的員工時，松下幸之助都會感覺他們比自己優秀，當他對員工們說「我對這件事情沒有自信，但我相信你一定能夠做得到，所以就交給你去辦吧」時，員工都會因受到重視而不但樂於接受，還會下定決心竭盡所能也要把事情做好。

不做空頭的許諾

世無誠信不寧，國無誠信不穩，業無誠信不旺，家無誠信不和，民無誠信不立，官無誠信不忠。誠信是中華民族的傳統美德，是最重要的道德規範之一。君子一言既出，駟馬難追；言必信，行必果。這是做人的學問，也是領導者為人處世的學問。領導者示信於人，才能得到人才，才能建立威信，也才能獲得成功。

很多做上級的人有個老毛病，那就是把自己跟下屬約定的事當作無關緊要，即使失信也不太在乎。更有甚者，對於下屬提出的難題，慣於使用伎倆搪塞過去。久而久之，不但喪失了下屬的信賴，還被認為是個虛偽的人，領導能力大大下降。

有一天，魏文侯跟大夫們飲酒，魏文侯下酒令說：「乾杯不盡的要罰酒。」讓公乘不仁執行。喝到後來大家乾杯時，只有魏文侯沒有舉杯。公乘不仁便要罰酒。文侯瞪眼看著公乘不仁沒有接酒的意思。侍者說：「不仁不能罰酒，君已醉。」不仁說：「《周書》有言：前面的車子翻了，可以作為後面車子之戒，這是說重蹈覆轍的危險性。為臣的不能改變酒令，為君的也不能改變自己的酒令。今君下的酒令自己不執行，這樣行嗎？」文侯聽後便舉大杯飲酒，奉公乘不仁做上客。

有明君必有賢臣，公乘不仁能執行酒令，是因魏文侯認識到言行一致才能取信於人的重要意義。言行一致，知錯必改，這是魏文侯之能成為戰國七雄之一的主要原因，這也是值得現代領導者借鑑的。

領導力來自好多方面，一個言而無信、信口雌黃的人，是沒有領導力的。現實中，領導者的誠信意識呈現出現實化、多元化、層次化和個性化的特點，同時，也存在著諸如價值傾斜、道德判斷剛強、誠信意識缺失等問題。有些領導者輕易表態，朝令夕改；有的領導者到處許諾，開空頭支票，結果是聽得見，摸不著；有的領導人好大喜功高調處事，制定脫離現實的高指標；有的領導者光鼓動，不實做，這些都是有害而無益的做法。

終於到了年終，王禹興沖沖來到會計部經理寧靜的辦公室問道：「寧經理，你說過只要

我們部門將今年的年終報表做好就可以加百分之五的薪水，是吧？」「我是說過，王禹，可是……」寧經理說道：「可是你知道公司有自己的一套關於薪金、晉升的規定和程序，並不是我可以隨意更改的事，嗯，我向總部申請看看吧。」「啊？寧經理，我們部的員工都是在你這句話的鼓動下才加班完成工作的呀，小李還帶病堅持工作呢，現在這個結果讓我怎麼跟他們說呢……」「好吧，別不高興，我一定會去向總部提出申請，表彰你們的辛苦工作的，一定會的，我保證。」但是王禹是帶著失望的表情離開了寧經理的辦公室。

這個案例中，誰犯了錯誤是很清楚的。寧經理不能輕易許諾，「輕諾必寡信」是千古不變的道理，寧經理在下屬的眼中是代表公司的，他不講信用，員工就會認為公司不講信用，在不講信用的公司工作多沒意思？怎麼能做好工作呢？

誠信對於一位領導者來說至高無上。有了它，他才能夠領導人們到達「承諾之地」；沒有它，人們就會在期望的荒漠中徘徊不前。誠信一旦失去，就很難重新獲得。對於任何一位希望有所建樹的領導，要謹小慎微的保護好你的誠信，照顧好它，永遠不要把它丟失。領導守信的核心是對下屬負責。誠信的主要含義是無欺、守諾、履約，對於領導者來說，堅守誠信，在工作中就要做到以下幾點：

一、言論與其反映的情況要統一。真實的傳達自己所掌握的客觀情況，言不離實；真實

的表達自己的主觀想法，口不違心。

二、言行之間的統一。要將自己所說之詞切實身體力行，付諸實踐。對於社會中的任何群體和個人都是這樣，而對於領導者就更是如此。如果我們做出了承諾或達成了某種契約，那就務求守諾、踐約，不可無端撕毀協議。

三、前後言行之間的統一。雖然情況總是不斷變化的，要求前後言行無條件的完全一致是不合理的，但從誠信原則出發，如果我們傳達了某種資訊，做出了某種承諾，達成了某種契約，公告了某項決定，即使情況出現了一些變化，有一些新的因素產生，但如無礙大局或無必要做出調整，就要盡力維持原有決策適當穩定的一段時間，切不可輕易變動；如果情況確實發生了重大變化，情況的變化確有必要對以前的承諾、契約、決定做出調整，也不能隱瞞，而應及時向有關的人做必要的說明，以使其理解，並及時進行協商，取得諒解並做出調整。

有句古話：人無信不立。領導者承諾的時候更要謹慎，不許諾自己辦不到的事。能否按承諾做到，不僅有自己努力的程度問題，還受到客觀條件的限制。有的時候原本能辦成，因為客觀條件的變化，在實施上出現了問題，也可能難以落實。對於那些明知無法辦到的事情，領導者不可輕易承諾，千萬不要為了所謂的面子「打腫臉充胖子」，因為這樣做會失信於人。

關心下屬，重要的不在於說，而在做。要讓下屬感覺到領導者真正在為他們的期待而努力、行動。如果你已經做出了承諾，由於各種情況實在無法兌現，此時，最好的辦法就是真誠的向下屬道歉，坦誠告訴下屬自己不能兌現的理由，以求得諒解，恢復威信。

言而有信是做人的基本原則，只有這樣才能獲得長久的影響力。言語忠信、言行一致才能在組織中獨樹一幟。總是開「空頭支票」的領導者，再三失信，必然會引起下屬的不滿。

放下架子再說話

當你開口與下屬談話的時候，有沒有架子是十分重要的。如果你能夠放得下架子就會留給下屬一個好印象，帶給人清新的感覺，讓人覺得你很不錯，產生想和你交談下去的強烈願望，這樣一來，也就意味著你這次的談話成功了一半。反之，如果你沒有意識到這一點，或者意識到了，但卻沒有注意說話的技巧，也許一開口就註定了你失敗的結局。

劉翔是台北一家圖書公司的銷售部經理，一次出差到哈爾濱去見幾個非常重要的客戶。剛下火車，他就對前來接他的客戶抱怨說：「哦，老天，我不敢想像你們是怎麼在這個城市

生存的。這鬼天氣，簡直要把人給凍成冰棒了。」他的客戶是一位哈爾濱人，頓時感到心裡非常受挫，原本的熱情霎時就變得和哈爾濱的天氣一般。但是，他還是很有禮貌的應聲附和他，和他一起抱怨哈爾濱的天氣。但接下來可想而知，劉翔談到他們公司新出版的書是多麼出色，多麼新穎，都絲毫不能夠引起客戶的興趣，結果只有失敗而歸。

事實上，劉翔失敗的根源就在於他根本沒有認識到說話就要打動人心的重要性。他和客戶剛見面所說的話就讓客戶心裡很不舒服。這句話使別人對他的印象一落千丈，而且很難再做出任何改變。所以，後來的談判不成功也就在情理之中了。試想，如果劉翔下飛機後對客戶說的話變成：「哦，這邊天氣實在是太冷了，你們有這麼強的意志力真是令人欽佩。」可能接下來的事情就會是另外一番景象了。

如果是只是一名產線主任，一與下屬說話就處處端架子，肯定讓人討厭不已。如果你是這樣的人只會被人冠以「光說不練」的名號。

一個管理者應對各種場合說話是很需要技巧的，一個人說話的內容反映了這個人的知識和素養。

一般而言，聽眾對平庸普通的論調都不屑一顧，正如有人說的，平凡的話語只會被鎖在無人問津的抽屜裡。倘若以「語不驚人死不休」的氣魄，用別人意想不到的見解引出話題，會立即震撼聽眾，使他們迫不及待的聽下去，這樣就能達到吸引每一位聽眾的目的。

畢業晚會上，系主任給大家講話時，他走上演講台說：「我本來想藉此機會祝福大家以後的人生一帆風順，但開口的時候又覺得這個祝詞有些不妥。」一句話，讓大家疑竇叢生，不知道系主任究竟唱的是哪出戲，於是都屏氣凝神的聽了下去。系主任接著又說：「我覺得光說祝你們人生道路一帆風順就像祝某人長命百歲一樣，這是一個既美麗而又空洞的謊言。實際上，人生之路漫漫，不但道路崎嶇，而且還充滿了荊棘……」

很多年過去了，系主任的話仍然迴盪在每一個學生的耳邊，而且給他們上了關鍵的一課。眾所周知，「一帆風順」是生活中最常見的吉祥語，但是系主任卻反彈琵琶，從它的對立面闡述了一個深刻的道理，給安逸的學生們敲響了警鐘。最需要稱許的是，他的第一句話宛若平地驚雷，起到了震撼人心的效果。

放下架子與下屬說話常常可以開始一場非常成功的談話，因為你有沒有架子常常是別人對你判斷的標準。那麼，如何才能抓住下屬的心理，有一個好的溝通呢？

在與下屬交談的時候，他有時候揣摩不透你真正的意圖所在。此時，你最好能夠一開始就說明你的目的，這樣一方面消除了對方的疑慮，另一方面又顯示你的坦誠，對方會在不自覺間對你產生信任。

在與下屬說話之前，如果發現對方的心裡非常緊張，可以適時地幽默一把，讓他緊張的心情變得輕鬆。如此，他們不僅會對接下來的話題有興趣，還會覺得你整個人很隨和，容易讓人親近。

與下屬成功溝通的方法有很多種，但並不都是通用的。這時候你就需要根據眼前聽眾特質的不同來選擇不同的開場白，具體問題具體分析。

談話中，沒有人會對自己不感興趣的話題投入過多的熱情，而如果遇到自己感興趣的話題，他們常常會情緒激昂地參與進來。因此，在與對方談話時，我們就可以抓住對方的這種心理，從而實現進一步的交流。

這就是說話技巧，其實談話的方法是很多的，但並不是通用的，你在不同的場合注意使用合適的話語就可以了，不要死板地使用什麼公式。還要注意的就是要切記我們和別人談話的目的是什麼，我們的主題是什麼，不要漫天浮誇，讓人感覺你不實在。

要一開口就打動別人的心，就要發揮一切可以你利用的才能，做好準備說出你不同尋常的第一句話，為你以後更好的人際交往鋪下康莊大道。

官網

國家圖書館出版品預行編目資料

把心聊走：最強的暈船話術，不動聲色牽著對方鼻子走 / 俞姿婷，才永發 著 . -- 第一版 . -- 臺北市：清文華泉 , 2020.11
面；　公分
ISBN 978-986-5552-27-5(平裝)

1. 說話藝術 2. 溝通技巧
192.32　　109015791

把心聊走：最強的暈船話術，不動聲色牽著對方鼻子走

作　　者：俞姿婷，才永發 著
發 行 人：黃振庭
出 版 者：清文華泉事業有限公司
發 行 者：清文華泉事業有限公司
E-mail：sonbookservice@gmail.com
粉 絲 頁：https://www.facebook.com/sonbookss/
網　　址：https://sonbook.net/
地　　址：台北市中正區重慶南路一段六十一號八樓 815 室
Rm. 815, 8F., No.61, Sec. 1, Chongqing S. Rd., Zhongzheng Dist., Taipei City 100, Taiwan (R.O.C)
電　　話：(02)2370-3310　　傳　　真：(02) 2388-1990
印　　刷：京峯彩色印刷有限公司（京峰數位）

定　　價：399 元
發行日期：2020 年 11 月第一版

臉書

蝦皮賣場